進め方と作り方がわかる

はじめての「補完食」

工藤紀子／著

新谷友里江／料理

ナツメ社

赤ちゃんに必要な栄養を補う補完食をはじめませんか？

離乳食時期は、育児疲れやホルモンの関係で、お母さんの心と体に疲れがすでに溜まっている状態なのをご存知ですか？ そんな時期に、離乳食を毎日作るということは、とても大変なこと。

私は、離乳食をはじめる前のお母さんたちに「最初から離乳食をパクパク食べることは稀です。ですから、離乳食を始めてから、せっかく作ったのに食べてくれない…また捨ててしまった…という現実に直面すると、大きなストレスがかかるかもしれませんが、離乳食とはそういうもの、ということをあらかじめ知っておくと、気持ちがラクになるかもしれません。

以前、書かせていただいた書籍の中で「離乳食は作らなくてもいい」ということを伝えたところ、とても大きな反響がありました。でも、中には「やっぱり作ってみたい」「赤ちゃんに必要な栄養が摂れる離乳食の作り方が知りたい」という声も多く、今回の本の制作に至りました。

離乳食作りのポイントは、手作りに固執しすぎないことです。なぜな

ら、赤ちゃんの栄養と同じぐらい、赤ちゃんとお母さんの心の栄養が大切だからです。手作りだけでなく、市販の離乳食などを取り入れながら、赤ちゃんに必要な栄養を意識しましょう。市販の離乳食は、手抜きでも何でもなく、栄養を効率よく摂るための一つの手段と考えるとよいと私は考えています。

この本は、赤ちゃんに必要な栄養を意識した補完食（離乳食）を紹介しています。そして、どのメニューも、フリージングと時短をメインに、お母さんにラクに作ってもらえるような、作りやすい方法を取り上げていますので、ぜひ、活用してみてください。

私のモットーは『育児はラクに楽しく安全に』です。離乳食時期は、体も心も一生の中で一番成長する素晴らしい時期。ぜひ、この時期の育児をラクに、でも楽しく味わえない育児をラクに、しく、そして安全に堪能していただければ幸いです。

さあ、家族みんなが笑顔になれる補完食、はじめてみませんか？

小児科医　工藤紀子

Part1 補完食のきほん

Part2 フリージング＆時短で簡単補完食レシピ

主食

〈 この本の特徴と使い方 〉

本書では、補完食の考え方と進め方、作り方をわかりやすく解説しています。
ぜひ、参考にしながら、赤ちゃんの食事作りに役立ててください。

● 食物アレルギーが疑われる症状が出た場合は、かかりつけ医へ相談するようにしてください。

● 本書のレシピは、赤ちゃんに必要なエネルギーと鉄、亜鉛、ビタミンA、ビタミンDの4つの栄養素が
　含まれる補完食を豊富に紹介しています。ただし、使用する食材によって摂取できる栄養素は変わります。
　食材に含まれる主な栄養素を参考に組み合わせて使いましょう。

● 材料は「授乳・離乳の支援ガイド」を目安に月齢ごとに設定しています。
　フリージングは6回分、補完食は1人分が基本です。
　赤ちゃんの食べる量は個人差があるので、お子さんに合ったペースで進めてください。

● 計量単位は大さじ1=15㎖、小さじ1=5㎖、1カップ=200㎖、米1合=180㎖です。

● 「少々」は小さじ⅙未満を、「適量」はちょうどよい量を入れること、「適宜」は好みで必要があれば入れることを示します。

● 野菜類は特に記載のない場合、皮をむくなどの下処理を済ませてからの手順を説明しています。

● 電子レンジは600Wを基本としています。500Wの場合は加熱時間を1.2倍にしてください。
　機種によって加熱時間に差があることがあるので、様子を見ながら加減してください。

● フリージング食材を電子レンジで解凍する際は、ラップをして加熱してください。

● レシピには電子レンジで解凍する加熱時間を記載していますが、あくまでも目安であり、お使いの地域や機器によって差があります。
　一度加熱したら、熱の伝わりが均等になるように混ぜ合わせ、トータルで1分以上加熱をし、
　中心部位が75度以上になるようにしましょう。(P58-59参照)

● 油は、オリーブ油、菜種油、紅花油、コーン油、米油などクセのないものを使ってください。

● だし汁はかつお節と昆布でとったものを使っています。
　ベビーフードを使う場合は、規定通りの湯で溶いたものを使ってください。

● ベビーフードは「BF」と記載しています。

● 湯で溶いた粉ミルクは、パッケージの表示通りの分量の湯で溶いたものを使ってください。

● 水溶き片栗粉は片栗粉と水を1対3の割合で作っています。

● レシピ中に出てくるフリージング食材は、同じ月齢のものを使ってください。

食材の主な栄養がわかる
マークつき

鉄 亜 ビタミンD ビタミンA のマークは、赤ちゃんに特に
必要な栄養素「鉄」「亜鉛」「ビタミンD」「ビタミ
ンA」を表しています。P60-61、P82-83、
P102-103、P126-127にて、食材に主に含ま
れる栄養をマークで表していますので、補完食を
組み合わせる際の目安にしてください。

アレルギーの原因食物の
使用・不使用マーク

卵 牛乳 小麦 大豆 ←これらの原因食物を使用

卵 牛乳 小麦 大豆 ←これらの原因食物は不使用

本書では、アレルギーの原因食物の有無がわかる卵、乳、小麦、大豆
の使用、不使用マークを入れています。加工品に関しては原材料に含
まれている可能性のある原因食物を使用マークに記載していますが、
必ずパッケージを確認してから、使用するようにしてください。

Part 1

離乳食と
何が違うの?

赤ちゃんに必要な
栄養素って何?

補完食

の

きほん

最近、補完食という言葉をよく見かけるけど、離乳食と何が違うの?
どんなことを心がけるといい?など、
知りたいことがいっぱい。
赤ちゃんに必要な栄養についても、理解しておきましょう。

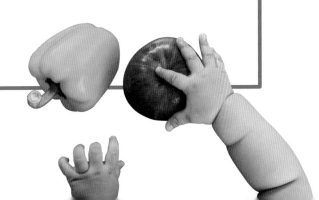

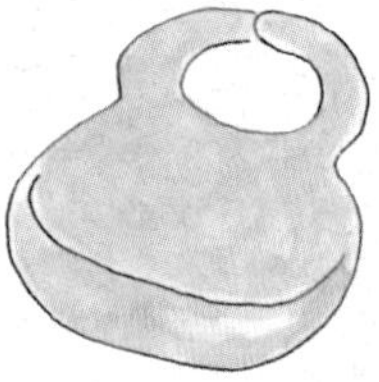

＼そもそも／

補完食（ほかんしょく）って何？

「離乳食」と「補完食」はどちらも赤ちゃんの食事。似ているけれど、少し違います。
赤ちゃんの健康づくりに必要な栄養素を意識して積極的に摂取するのが「補完食」です。

WHOが提唱する 母乳で足りない栄養を補う離乳食のこと

「補完食」という聞きなれない言葉に戸惑うお母さんもいるかもしれませんが、これは母乳やミルクだけでは足りない栄養素を補う食事のことです。日本では同時期の赤ちゃんの食事を「離乳食」と呼びます。「離乳食」も「補完食」も母乳やミルクを飲むのをやめることが目的ではありません。WHO（世界保健機構）では、母乳は、2歳までは重要な栄養源になりうることを示しています。

　赤ちゃんは日々成長し、どんどん活発になります。そして、次第に母乳だけでは必要な栄養素が補えなくなります。赤ちゃんに必要なエネルギーや栄養素と、母乳に含まれているエネルギーや栄養素の差を満たして赤ちゃんの成長を助けるのが「補完食」です。

安心してください！
補完食は特別なものでは
ありません！

お母さんの気持ちが
ラクになる
栄養たっぷりの
離乳食です。

「離乳食」と「補完食」それぞれの特徴

「補完食」をはじめて知った人は、離乳食と何が違うの?と戸惑うことも多いはず。
それぞれの特徴を理解してから、補完食をはじめてみましょう。

	離乳食	補完食
特徴は?	噛んで飲み込む練習を重視	栄養重視
母乳は?	離乳の完了後も飲んでもよいが、エネルギーや栄養素の大部分を食べ物から得られるようにする。	生後5〜6カ月までは母乳で育てることを推奨。2歳までは欲しがるたびに好きなだけ飲ませてよい。
開始時期は?	生後5〜6カ月。なめらかにすりつぶして飲み込みやすい形状にした食べ物を食べさせる。	母乳やミルクだけで十分なエネルギーと栄養素を得られなくなるころ。生後5〜6カ月が開始の目安時期。
進め方は?	飲み込めるようになったら、形状と食事回数を変化させ、最終的には形ある食べ物が食べられるようにする。	6〜8カ月は1日2〜3回、9カ月〜2歳未満は1日に3〜4回の食事と1〜2回の間食で栄養補給する。
決まり事は?	最初は10倍がゆからはじめ、次に野菜、そして、豆腐などのたんぱく質を与えていく。	エネルギーが補充される濃度が濃い雑穀がゆなどからはじめ、肉も早い段階からスタートする。

\ では、どうして /
補完食がいいの？

離乳食に比べると自由度が高く感じる補完食。赤ちゃんだけでなく、
お母さんにとってもメリットがいっぱいあります。補完食のよいところを探ってみましょう。

その子のペースに合わせて食べる練習をしながら栄養を満たすことができる

補完食は、離乳食に比べてあげる回数が多いのが特徴です。これまでおいしくて安心できる母乳やミルクを飲んで過ごしている赤ちゃんにとって、固形物を食べるのは大変なこと。上手に食べられないからといって焦らなくても大丈夫。最初はうまくいかなくても、補完食なら、食べる練習の機会が多くなるので、その子のペースに合わせて進めていけば、だんだん食べられるようになります。まずは赤ちゃんの表情や行動を見てみましょう。食べにくそうにしているなら、食材や調理法、食器やスプーンなどが合っていない可能性があります。お母さんやお父さんは、新しいチャレンジをする赤ちゃんをサポートする応援団です。最初から上手に食べられる子はいません。親子で少しずつ練習を進めていきましょう。だんだんできるようになってきますよ。

子どもの心身の健全な発育に必要な栄養素を補給できる

厚生労働省の「授乳・離乳の支援ガイド（2019年改定版）」に沿って離乳食を始めると、初期は穀物や野菜などの植物性食品を食べます。一方、WHOのガイドラインでは、補完食スタート後すぐから動物性食品の摂取を推奨しています。

補完食を食べると赤ちゃんは栄養素をより満たすことができます。とくに不足しやすい鉄やビタミンDは、植物性食品だけでは補いにくい栄養素です。そうした不足しやすい栄養素を補い、子どもの成長・発達を助けるのが補完食です。

赤ちゃんに必要な栄養素がいっぱい！

補完食を勧めたいメリット 4

赤ちゃんにとっても、ママにとってもいいことがたくさん得られる「補完食」。
どんなメリットがあるのか、理解を深めるところからはじめましょう。

1 赤ちゃんに必要な栄養を満たしてあげられる！

赤ちゃんの成長に必要なのは、エネルギー、鉄、亜鉛、ビタミンA、ビタミンDです。補完食では、それらを多く含む食材を積極的に摂取します。一度に食べる量が少ないようなら、食事回数を増やしたり、水分が多いおかゆを作っているとするなら、濃度の濃いおかゆを作ったり、栄養強化食品などを利用したりしてトータルで不足がないように調整を。

2 離乳や卒乳のプレッシャーから解放される！

お母さんの温かさやにおいが感じられる授乳は安らぎの時間。WHOは母乳育児を推奨しており、補完食を開始しても母乳は継続して好きなだけ飲んでよいとしています。いつ母乳を止めようと考える必要はなく、赤ちゃん主体で母乳育児を継続することができるため、母子ともにストレスやプレッシャーが少ない育児をすることができます。

3 フリージングや市販のものも利用しましょう！頑張りすぎなくていい！

あくまでも目的は、赤ちゃんの栄養不足をなくすこと。そのために、便利なものをどんどん利用しましょう。時間があるときにまとめて作って冷凍保存するのも、市販のベビーフードを利用するのも、問題ありません。必要な栄養素が含まれている食べ物のうち、赤ちゃんが食べやすいものを常時ストックしておくとよいでしょう。

4 難しく考えなくていいから、お母さんの気持ちがラク

子どもには個性があるので、一般的な離乳食を始めてもガイドにある進め方通りにならないこともしばしば。その点、補完食は子どもの様子を見ながら進められるので、深く悩まずに食事の準備ができます。手抜きではなくラクな食事。ラクして笑顔でコミュニケーションをとるほうが赤ちゃんもお母さんも健やかに過ごせます。

この本で紹介している補完食レシピは赤ちゃんの栄養を意識して作られています

本書の補完食レシピは、赤ちゃんに必要なエネルギーと鉄、亜鉛、ビタミンA、ビタミンDの4つの栄養を意識したメニューを提案しています。「主食」「豆」「肉・魚」「野菜・果物」のブロックに分け、それぞれの食材の栄養も解説していますので、赤ちゃんに食べさせるときの組み合わせの参考にしながら利用してください。

どう考えたらいいの？
母乳はいつまであげるべき？

離乳食を食べるようになったらそろそろ卒乳？　いいえ、違います。WHOは母乳を
推奨しているので、お母さんの負担にならなければ、子どもが飲みたいだけ与えてOKです。

母乳は2歳かそれ以上まで頻繁に子どもの要求に応じましょう

　母乳には赤ちゃんが健やかに育つのに必要なエネルギーと栄養素が含まれています。WHOでは、少なくとも生後4カ月まで、できれば6カ月までは母乳だけを飲ませるように推奨しています。順調に体重が増加している赤ちゃんでも6カ月を過ぎると、エネルギーや栄養素が母乳だけでは不足してきます。その足りない分を補給するのが補完食。補完食を始めても母乳は赤ちゃんの大事な栄養源です。欲しがるときは好きなだけ飲ませてあげましょう。なお、いつまで授乳を続けるかについてはとくに決まっていません。母乳を続けられる環境にあり、お母さんが苦痛でなければ、2歳を過ぎて授乳を続けていてもよいとされています。

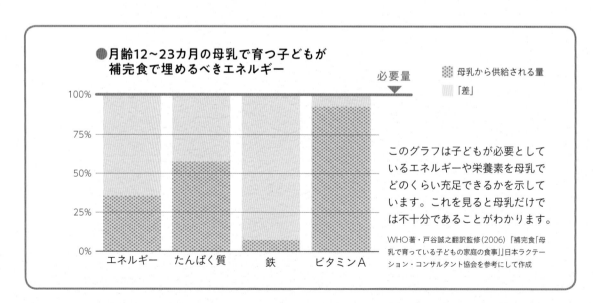

●月齢12～23カ月の母乳で育つ子どもが
補完食で埋めるべきエネルギー

必要量

▒ 母乳から供給される量
░ 「差」

100%
75%
50%
25%
0%

エネルギー　たんぱく質　鉄　ビタミンA

このグラフは子どもが必要としているエネルギーや栄養素を母乳でどのくらい充足できるかを示しています。これを見ると母乳だけでは不十分であることがわかります。

WHO著・戸谷誠之翻訳監修(2006)『補完食「母乳で育っている子どもの家庭の食事」』日本ラクテーション・コンサルタント協会を参考にして作成

母乳は重要な栄養源の1つ!
補完食と一緒に必要な栄養を補いましょう!

離乳や卒乳の時期など、お母さんにとっては、焦りやストレスになりやすいもの。
母乳は重要な栄養源だから、ゆったりとした気持ちで補完食と一緒に栄養を補給しましょう。

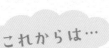

今までは…

- 1回食だから、1日ワンチャンス?

- 本通りに進まなくて焦る…

- 食事を増やしつつ、
  母乳はやめなきゃいけないの?

イライラ、ストレスフルな育児に

↓

これからは…

- 母乳に足りない栄養を補うだけ!

- 子どものペースに合わせてOK!
  無理強いしなくていい

- 母乳は欲しがるだけ与えればいいから、
  卒乳を気にしなくていい!

お母さんの笑顔が増えて育児がラクに!

母乳には病気から守る免疫物質が含まれるから赤ちゃんの健康に大切

母乳には免疫が未熟な赤ちゃんを感染症から守ってくれる免疫グロブリンなどの防御因子も含まれています。そういったメリットを得るためにも、できるだけ授乳する期間を長くするのが理想とされています。

補完食を早く始めたいというお母さんもいるかと思いますが、赤ちゃんの消化機能と腎機能は生後5〜6カ月以降に成熟します。それより前の月齢では、それらの機能が未熟であり、また飲み込む能力が低く、誤嚥(ごえん)を起こす可能性があります。赤ちゃんの体の準備が整うまでは、母乳で必要なエネルギーや栄養補給をしてあげましょう。

そして、補完食が始まってからも、母乳を飲みたいだけ飲ませて、赤ちゃんの健康を見守りましょう。

もっとラクに！赤ちゃんに喜んでほしい！
補完食はフリージング＆時短レシピでストレスなし！

補完食は赤ちゃんの栄養補給が目的。手作りするときも、不足しがちな栄養素を考えて
食材や調理法を選びましょう。まとめて作って冷凍しておくとお手軽＆便利です。

栄養豊富な補完食
だからこそ、作るときは
ラクな方法で！

赤ちゃんが離乳食を食べる時期は、お母さんがヘトヘトに疲れている時期と重なります。産後から、今まで経験してこなかった朝も夜も関係なく続く毎日の授乳、おむつ交換などの赤ちゃんのお世話、炊事、洗濯、掃除などの家事……そこに離乳食作りが加わるとお母さんは本当に大変です。

それでも子どもによいものを食べさせてあげたいと思うのが親心。だからこそ、赤ちゃんに必要な栄養素が効率よく摂取できる食材を選んで、手間なく簡単に栄養補給できる補完食を作りましょう。

毎日食べる分をその都度作ることは理想かもしれませんが、その必要はありません。作る手間は量が増えてもあまり変わらないので、まとめて作って冷凍保存しておきましょう。

究極の時短は、
市販の離乳食を使う
という選択肢！

市販の離乳食には、子どもが欲しがるときにすぐ食べさせられる、食中毒の心配がなく、無菌状態なので長期間常温保存できるなど、メリットがいろいろあります。そして、なにより手間がかかりません。普段は手作りでも、忙しいとき、時間がないとき、市販されているベビーフード（BF）を活用しましょう。

離乳食は絶対に作らないといけないものではありません。買って済ませることでできた貴重な時間は、お母さんの心と体を休めるために使いましょう。

市販の離乳食を
上手に活用！

14

フリージング編　素材ごとやまとめ煮をフリージングしておくとラク!

毎日、その都度作る…

大変…

補完食は少量だから、わざわざ毎日、1回分ずつ作るのは本当に面倒。ただでさえ、育児は大変なのに、これがずっと続くと思うだけで心も体もクタクタに。

まとめて作ってフリージング!

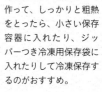

6回分ぐらいをまとめて作って、しっかりと粗熱をとったら、小さい保存容器に入れたり、ジッパーつき冷凍用保存袋に入れたりして冷凍保存するのがおすすめ。

当日はレンチンでOK!

当日、赤ちゃんに補完食を食べさせるときは、冷凍した補完食を、そのままレンチンですぐに用意ができるからラク!
(P59参照)

> **memo**
> ### 市販のBFを利用すれば もっとラクになる!
>
> フリージングした補完食をレンチンしてそのまま食べさせたり、組み合わせて食べさせたりするときに、市販のBFのホワイトソースやだし、野菜スープなどを使うとバリエーションが増えてさらに便利。なるべく栄養強化されたものを選ぶのがコツ。

時短レシピ編　市販の便利食材やBF、レンチンを利用してパパッと作る!

簡単に早く作りたい!

疲れた…

調理に手間と時間がかかり、衛生面の管理も難しい。パパッと補完食が作りたいけど、いまいちやり方がわからない。もっといい方法が知りたい!

市販のBFやレンチンでできる レシピですぐに完成!

ピュレ状の野菜や冷凍ミックス野菜、栄養強化されたBFを最大限に利用しましょう。調理済みなので、あっという間にできあがります。

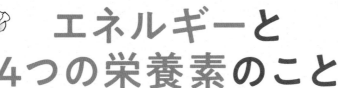

6カ月以降に特に必要な
エネルギーと4つの栄養素のこと

大人の栄養不足も放っておくのはよくありませんが、より心配なのが赤ちゃんの栄養不足。
人生の中で最も心身ともに成長する時期なので、しっかり栄養を満たしましょう。

エネルギー

最近では、妊婦さんの栄養摂取が不足しているケースが見られ、低体重など赤ちゃんへの影響も少なからずあるようです。赤ちゃんも成長に伴い、必要なエネルギーが増加するので意識しましょう。

月齢が進むにつれて増える必要エネルギー

赤ちゃんは成長するにつれて必要なエネルギー量が増加します。生後しばらくは母乳で必要なエネルギーを充足できるのですが、6カ月あたりから母乳だけでは満たされなくなります。

寝返りやずりばいなどを始めると動きがどんどん活発になるので、今まで通りの母乳やミルクの量では足りません。エネルギーが足りないために体重が増加しにくくなったり、寝返りやおすわりが遅れたりすることも考えられます。どの赤ちゃんもエネルギー不足になる可能性はありますので、6カ月を過ぎたら不足してしまう前に補完食で補いましょう。

●エネルギー必要量と母乳から得られるエネルギー量

エネルギー（kcal／日）

| 月齢 | 0〜2カ月 | 3〜5カ月 | 6〜8カ月 | 9〜11カ月 | 12〜23カ月 |

凡例：
エネルギーの「差」
母乳から得られるエネルギー

WHO著・戸谷誠之翻訳監修（2006）『補完食「母乳で育っている子どもの家庭の食事」』日本ラクテーション・コンサルタント協会を参考にして作成

必要エネルギーの差を埋めるために糖質と脂質を摂る

エネルギー源になるのは主に糖質と脂質。たんぱく質も体内でエネルギーに変換されますが、たんぱく質はエネルギー源というより体を形づくる栄養素。効率よく利用するなら糖質と脂質を摂取するのがおすすめです。

エネルギー摂取の大半は主食で行います。主食になるのは、ご飯、パン、麺など。しかし、主食だけでは鉄や亜鉛などのミネラルが摂取できません。そのため、十分な栄養摂取をするには、ほかの食材を加えて栄養価を高める工夫が必要です。エネルギーを多く摂りたいときは、お粥に無塩のバターを。脂質とビタミンAも摂取できます。

エネルギーになる食材

糖質

**エネルギーになるのは主食
母乳に足りない分を補おう**

赤ちゃんは母乳やミルクが主食のようなものですが、それだけでは足りないので、ご飯などからエネルギーを補給します。お粥は薄すぎると必要なエネルギーが得られません。濃さは全粥程度の形状が目安です。

雑穀ご飯

パン

麺

脂質

**少量でたっぷりのエネルギー
食が細い赤ちゃんに**

油、乳製品、肉、魚など、脂質を多く含む食材はいろいろあります。たくさん摂取したいのは脂ののった魚。含まれているDHAやEPAなどの脂肪酸は必須脂肪酸で、赤ちゃんの発育・発達にもよい影響をおよぼします。

オリーブオイル

ごまペースト

ピーナッツペースト

エネルギー不足になると

● 体重の伸びが悪くなる？

● 寝返りやおすわりが遅れる？

● なんとなく元気がない？

一概には言えませんが、エネルギー不足により、体重がなかなか増えないなどの影響があるかもしれません。補完食でエネルギーを補って。

エネルギーが満たされると

● 順調に体重が増加する

● 元気に行動できる

補完食は赤ちゃんの成長に伴う必要エネルギーの差を埋めるためのもの。エネルギーを補うことで、赤ちゃんの成長や発達をサポートしてくれます。

1 鉄

不足しやすいミネラルとして知られている鉄。月経のある女性や、妊産婦だけではありません。脳・筋肉・神経がぐんぐん成長発達する、子どもたちの鉄不足が懸念されています。

成長、発達に欠かせない大事な栄養素

鉄は血液中の赤血球を作るのに必要な栄養素です。赤血球のヘモグロビンに鉄が含まれており、鉄と酸素が結びつく性質を利用して、赤血球が全身に酸素を届けています。私たちは、その酸素を利用して食べ物からエネルギーを作り出しています。

赤ちゃんは、お母さんのお腹にいるときに必要な鉄を蓄えて生まれてきます。しかし、蓄えがもつのは約6カ月。母乳やミルクにも鉄は含まれていますが、それだけでは成長に必要な量を十分に補えません。この時期に、食べ物で補給できずに鉄不足の状態が続くと、子どもの成長や発達を遅らせることになることもあります。

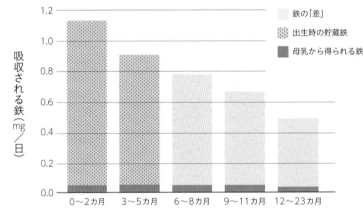

● 鉄の必要量と母乳から得られる量及び出生児の貯蔵鉄の量

凡例:
- 鉄の「差」
- 出生時の貯蔵鉄
- 母乳から得られる鉄

縦軸: 吸収される鉄（mg／日）
横軸: 月齢　0〜2カ月　3〜5カ月　6〜8カ月　9〜11カ月　12〜23カ月

WHO著・戸谷誠之翻訳監修（2006）『補完食「母乳で育っている子どもの家庭の食事」』日本ラクテーション・コンサルタント協会を参考にして作成

鉄不足が続くと不機嫌や、夜泣きの原因に？

鉄不足がひどくなると鉄欠乏性貧血となり、全身に酸素が届かなくなって、大人の場合、頭痛、めまい、動悸、息切れなどが生じます。こういった貧血症状が出なくても、疲れが取れにくくなったり、イライラしたりすることがあります。赤ちゃんの場合は、激しく泣いたり、不機嫌になったり、夜泣きしたりする原因につながることがあるため、不足しないようにしましょう。

鉄は吸収しやすい肉や魚に含まれるヘム鉄と吸収しにくい野菜や穀物に含まれる非ヘム鉄があるので、食べ方に注意が必要です。非ヘム鉄を摂るときはビタミンCを含む食べ物と一緒に摂取すると、吸収率がアップします。

鉄が多く含まれる食材

肉
濃い赤色が鉄の色
赤身肉を食べよう

鉄は血液中のヘモグロビンとしてだけでなく、筋肉にもミオグロビンとして蓄えられています。赤色が濃い肉に鉄は多い。

牛赤身肉

鶏もも肉

赤身ひき肉

赤身&青背の魚
魚も白身より赤身
旬の回遊魚を選ぼう

広い海を動き回る回遊魚は、運動量が多く酸素をたくさん必要とする赤身魚。旬の脂がのっている魚はDHAやEPAも豊富。

まぐろ

いわし

かつお

レバー
人間以外の動物も
貯蔵鉄は肝臓にあり

レバーは鉄の貯蔵庫。ミネラルやビタミンも多く含み、不足しやすい栄養素を効率よく摂取できる食材。ただし、ビタミンAが多く含まれるので、過剰摂取は要注意。

豚レバー

鉄不足になると

● ぐずりやすくなる？

● ギャン泣きをする？

● おとなしくできず動き回る？

人生で一番成長する補完食の時期は、鉄の摂取が重要。赤ちゃんの頃に鉄不足が続くと、夜泣きや不機嫌の原因になることがあるので、意識して取り入れて。

鉄が満たされると

● 体中に酸素を運ぶことができる

● 順調に発達していく可能性が増える

● 癲癇（かんしゃく）を起こすことが減る

鉄には「体中に酸素を運ぶ」「エネルギーを効率よく手に入れる」「心のバランスを保つ」効果が。脳も筋肉も順調に成長する可能性が高くなります。

② 亜鉛

亜鉛は、体のいろいろな場所で利用されているミネラル。味覚を作るなど、さまざまなはたらきを担っているため、不足するとあらゆる不調の原因に。貯蔵できないため日々の摂取が大切です。

タンパク質の吸収を助け 免疫機能、味覚を作る 大切な栄養素

亜鉛は新陳代謝に深く関係しています。そのため、舌にある味蕾（みらい）、皮膚や髪の毛、骨、赤血球、免疫に関わる胸腺（せん）など、細胞が生まれ変わるところに多く存在しています。亜鉛が不足すると新陳代謝が悪くなり、味覚障害、皮膚炎、成長障害、貧血、免疫機能低下などを引き起こします。

亜鉛が足りなくなる原因は、摂取不足や吸収不良、必要量増加などさまざま。不足すると味覚障害に伴う食欲低下につながり、食べる量が減り、さらに亜鉛が不足するという悪循環になりかねないので、不足しないようにしっかり摂取しましょう。

亜鉛の働きって?

1 おいしさを感じる味覚を育てる

食べ物の味は味蕾の中にある味細胞が感知しています。味細胞の新陳代謝は盛んで、短期間で生まれ変わります。そのときに使われるのが亜鉛。亜鉛がないと細胞がうまく分裂できず、味を感じにくくなってしまいます。

2 元気な皮膚と身体を作る

ターンオーバーという言葉があるように、体の表面にある皮膚は一定の期間で生まれ変わっています。骨の細胞も同様です。その新陳代謝が正常に行われなくなると、皮膚炎や成長障害が起こることがあります。

3 赤血球を作る

亜鉛は、未熟な血液細胞が赤血球になるために必要な酵素を作るのに不可欠。亜鉛が足りなくなると、赤血球が減少して亜鉛欠乏性貧血になることがあります。酸素の運搬がうまくいかないことによる疲れや息切れなども生じます。

おいしいものをおいしく、好き嫌いを少なくするためにしっかり摂取

味覚障害で味が感じにくくなると、食事自体をおいしく感じられなくなり、食欲低下や好き嫌いにつながります。

そして、それによって食事量が減り、さらなる栄養不足を引き起こしかねません。まずは亜鉛を不足させないことが大事です。

亜鉛はいろいろな食べ物に含まれています。とくに多いのは牡蠣ですが、食べやすくするのが難しいため、赤ちゃんには不向きな食材。補完食として適している亜鉛が多く含まれている食材は、牛肉、豚肉、レバー、卵黄、しらす、さば、いわし、大豆、ごまなどです。毎日の食事で意識して摂取するようにしましょう。

亜鉛が多く含まれる食材

レバー
鉄やビタミンAも一緒に摂取できる

豚レバー

鉄、亜鉛、銅などのミネラルや、ビタミンA、ビタミンB群が豊富。亜鉛の量は豚のレバーが最多。

肉
亜鉛を摂るなら最も豊富な牛肉を

肉も亜鉛の補給源になります。含有量が多いのは牛肉、豚肉、鶏肉の順。肉の部位なら、肩ロースやヒレなどが亜鉛が多いので、選ぶときに意識するといいでしょう。

卵黄

アレルギーがあると食べられませんが、食べられるなら便利な食材。肉よりも調理に手間がかからず赤ちゃんも食べやすい食材です。

亜鉛が摂れる風味アップ食材

凍り豆腐、油揚げ、焼きのり、ナッツ類、ごま、煮干し、しらすなどは亜鉛が摂れるうえ、風味アップ。

亜鉛不足になると

● 身長が伸びなくなる?

● 風邪をひきやすくなる?

● 味を感じにくくなる?

味覚や体づくりに必要な亜鉛が不足した状態が続いてしまうと、成長や味覚に影響が出ることも。離乳食時期から、積極的に摂取しましょう。

亜鉛が満たされると

● 不足により伸びなかった身長が増える

● 味をしっかり感じることができる

● 肌荒れが減る

亜鉛が満たされると、味覚が発達するので、食べることが楽しくなります。また、皮膚や粘膜を強化し、風邪を引きにくくなるなどのいい影響が。

③ ビタミンD

骨を強くするために カルシウムと一緒に 摂りたい必須の栄養素

近年、不足が懸念されているのがビタミンDです。ビタミンDは紫外線を浴びると皮膚で合成できるため、食事から摂取するのに加えて日光浴も大事。

昨今は赤ちゃんのころから紫外線対策をすることが多く、また昔に比べると外気浴やお散歩の機会が減少しています。それによって紫外線を直接浴びる機会が少なくなり、ビタミンDを十分に合成できなくなっています。

ビタミンDはカルシウムの吸収を調整する栄養素です。骨を健康に強くするのに不可欠で、不足すると骨の成長を妨げたり、足りない状態が長引くとくる病を起こしたりします。

カルシウムの吸収に加え、免疫機能を高めるなどの作用が注目されている栄養素。紫外線対策をし過ぎて十分に合成できないこともあるので、意識して摂取量を増やしましょう。

骨を作るために大切な栄養素

カルシウム ✚ **ビタミンD**

体内で活性化したビタミンDは、小腸でカルシウム結合たんぱく質の合成を促し、カルシウムの吸収を促進し、血液中のカルシウム濃度を一定に保つように調整します。血液中のカルシウムが増えると、またビタミンDは血中カルシウム濃度を一定にしようとはたらきます。血中に増えたカルシウムは骨に吸収され、骨が強くなります。

✚

日光浴

ビタミンDは日光から作られる唯一の栄養素であり「サンシャインビタミン」とも呼ばれます。適度に日光を浴びていればビタミンDが作られるため、欠乏症は起こらないとされていますが、昨今は紫外線による皮膚がんのリスクを懸念し、徹底した紫外線対策が行われることが多く、ビタミンD合成量が不足する傾向にあります。

食材からの摂取はもちろん、適度な日光浴も取り入れて

私たちは少なからず毎日日光を浴び、体内でビタミンDを合成しています。ところが、昨今は日光を浴びる機会が減っており、乳児においてはビタミンD不足によるくる病が稀ではなくなってきています。日光浴によって体内で合成される量は大きく、食事で補うのはなかなか厳しい量です。日本人の食事摂取基準（2020年版）でも適度な日照を受ける前提で目安量が設定されています。

日差しが強いときは日焼け止めや日よけが必要ですが、やわらかい日差しはカットしてしまうのではなく、散歩や外遊びの機会に浴びてみましょう。

ビタミンD産生に必要な日光の量は、季節、天気、緯度で変わるため、国立環境研究所地球環境研究センターのウェブサイトを参考にしてください。

ビタミンD
モバイルページ

ビタミンDが多く含まれる食材

魚
赤ちゃんの健康に役立つ栄養素がいっぱい

鮭やさんま、しらすなどの魚にはビタミンDが豊富です。しらすのような小魚にはカルシウムも多く含まれているので、効率よくビタミンDの摂取が可能です。塩分が多いので湯通ししてから使ってください。

しらす　　　鮭　　　さんま

卵黄
ビタミンCと食物繊維以外の栄養素をすべて含む

卵黄には、ビタミンDはもちろん、鉄も亜鉛もビタミンAも含まれています。卵は良質なたんぱく質も摂取できる優秀な食材です。アレルギーがなければ積極的に利用しましょう。

干ししいたけ
しいたけも日光浴でビタミンD量がアップ

しいたけも紫外線によってビタミンDを合成します。機械干しタイプより天日干しがビタミンDは多め。

ビタミンD不足になると

- 身長が伸びなくなる？
- 骨の健康が保てなくなる（くる病）？
- 風邪をひきやすくなる？

骨を強く保つビタミンDが不足すると、やわらかく、もろい骨になりやすいと言われています。カルシウムと、ビタミンDを摂取して丈夫な体づくりを。

ビタミンDが満たされると

- 丈夫な骨を作ることができる
- 筋肉の発達を助ける
- 丈夫な体をサポートする

ビタミンDが満たされると、カルシウムの吸収率がアップし、しっかりとした丈夫な骨が作られます。

4 ビタミンA

目の健康と粘膜を強化して、バリア機能を保つ

ビタミンAは、目の健康維持に欠かせない栄養素。不足するとさまざまな不調が生じ、光をまぶしく感じたり、ドライアイになったり、暗いところで見えにくくなったりします。ひどい欠乏症を起こした場合は、乳幼児では角膜乾燥症から失明してしまうことも。

また、粘膜を正常に保って感染症から体を守るはたらきもあります。欠乏すると粘膜のバリア機能が損なわれて抵抗力が低下し、細菌やウイルスが体に侵入しやすくなって風邪をひきやすくなることがあります。細胞の増加にも関係しており、健全な骨や皮膚を作るためにも利用されます。

世界各国で不足が問題になっている栄養素。偏った食生活はビタミンA不足を招きます。足りなくなって症状が現れる前に、意識して緑黄色野菜などから摂取したい栄養素です。

植物	動物

プロビタミンA
（ビタミンAの素）

ビタミンA
そのもの

カロテノイド

α-カロテン
β-カロテン
γ-カロテン
β-クリプトキサンチン

→ **ビタミンA**
＝
レチノール

リコピン　ルテイン

抗酸化作用
免疫力アップ！

ビタミンAは、動物類に多く含まれるビタミンAであるレチノールと、植物類に多く含まれるビタミンAになる前の形のもの（プロビタミンA）の2つがあります。プロビタミンAの代表例がカロテノイドと言われ、α-カロテン、β-カロテン、γ-カロテン、β-クリプトキサンチンなどがありますが、この中でβ-カロテンがもっとも多くビタミンAに変換されます。カルテノイドの中には変換されないものもあり、リコピンやルテインはこれにあたり、抗酸化作用があると言われています。

レバー類は過剰摂取に注意。野菜や果物からも摂取

ビタミンAは、レチノールやレチナール、レチノイン酸の総称で、これらは動物性食品に含まれています。植物性食品には、β-カロテン、α-カロテン、β-クリプトキサンチンといった体内で必要な分だけビタミンAに変換されるカロテノイドが含まれています。

ビタミンAは動物の肝臓にとても多く蓄えられているので、レバーを一度に大量に食べたり、毎日食べ続けたりすると、ビタミンAの摂取過剰となって嘔吐や頭痛などの症状が生じることがあります（ただし、日本では、過剰摂取で症状が出た報告は一例もありません）。植物性食品に含まれるプロビタミンAであるβ-カロテンなどは、必要な分だけビタミンAになるため、過剰摂取の心配はなく、使われない分は抗酸化作用を発揮します。

ビタミンAが多く含まれる食材

レチノール　ビタミンAそのもの

脂溶性のビタミン。摂りすぎても排泄されず体内に蓄積されるため、過剰摂取は要注意。レバーばかりではなく、いろいろな食材から摂取を。レバーは週1回が目安。

鶏レバー　卵黄　チーズ　しらす

カロテノイド　必要な分だけ変換されるから過剰症の心配なし

植物性食品に含まれている色素成分の一種。体内でビタミンAに変わる。色が濃い野菜や果物に多く、油に溶ける性質なので、油と一緒に調理すると吸収率がアップ。

黄色の果物（パパイヤやマンゴー）　黄色の野菜（かぼちゃやにんじん）　緑の野菜（ほうれん草）

ビタミンA不足になると

● 目が乾燥する（ドライアイになる）？

● 風邪をひきやすくなる？

● 肌がガサガサになる？

目の健康や、粘膜や皮膚の健康を保つビタミンAが不足する状態が続くと、感染症にかかりやすくなったり、ドライアイや乾燥肌などになる可能性が。

ビタミンAが満たされると

● 目が健康に保てる

● 風邪をひきにくくなる可能性が増える

● 免疫機能が維持される

ビタミンAが満たされると、目や皮膚の健康を保ち、粘膜が強化され、免疫力が上がるので感染症予防に。ただし、レチノールの過剰摂取は要注意。

時短したいとき・食べムラが不安なときは

市販の離乳食や加工食材を利用しましょう

補完食で重視したいのは、栄養不足をなくすこと。離乳食を手作りするのはよいことですが、
不足しやすい栄養素があるのも事実。無理せず市販の離乳食で補いましょう。

栄養が添加されているものが多いから上手に活用しましょう

外食や中食は味つけが濃い、どんな食材が使われているかわからない…などのイメージがあるからでしょうか。日本では市販品よりも手作りのほうが「体によい」というイメージがあるようです。

しかし、日本で製造されているベビーフードは、日本ベビーフード協議会の厳しい審査基準に収まっている製品です。塩分量はもちろん、残留農薬基準もクリア。海外のベビーフードは、有機食材や農薬にも配慮されたものが多く使用されています。赤ちゃんの健康づくりのために、鉄やカルシウム、ビタミンD、亜鉛などの不足しやすい栄養素を十分補給できるように工夫されている製品がいろいろあります。

市販の離乳食や加工食材のおすすめポイント 3

ポイント1

手間も時間もかからず衛生的

市販品なら、赤ちゃんがほしがったときにすぐ食べられます。衛生管理が行き届いた工場で作られるので衛生的。常温保存でき、持ち運びにも便利なので災害時の非常食にもおすすめです。

ポイント2

鉄など不足しがちな栄養を摂取しやすい

手作りだと難しいレバー料理、鉄やビタミンD、カルシウム、DHAなどが添加されているタイプのベビーフードなど、不足しがちな栄養素を補給するのに適した市販品があります。

ポイント3

残留農薬検査済みなど安全な食材を使用

残留農薬検査や放射線検査を実施したり、有機食材を利用したりして、より高い安全性を意識しているものもあり、お母さん好みの離乳食が選べます。塩分量にも基準があります。

補完食作りをグンとサポートしてくれる!
加工食材いろいろ

忙しい日や赤ちゃんがぐずっているときなど、一から全部手作りできないときに、
あると便利な加工食材を紹介します。上手に利用して補完食作りを楽しんでいきましょう。

1つの野菜を
フレークにして
いるから便利!

北海道野菜フレーク
にんじん・とうもろこし・
じゃがいも・かぼちゃ(大望)

レバーは
週に1回が
目安!

まるごと鶏レバー
(九州オーガニックメイド)

野菜フレーク

補完食は主食からスタートし、1つずつ食材を試しながら進めていきます。市販のベビーフードには、単一食材で作られているものと、複数の食材が使われているものとがありますが、この野菜フレークは、1つの食材をフレーク状にした製品なので、1つずつ食材を試したいときに便利。野菜不足解消に役立ちます。

鶏レバー粉末

九州産の鶏レバーの粉末です。面倒な下処理や裏ごしをせずに、鉄やビタミンAなど、ビタミンやミネラルの補給ができます。ただし、レバーにはビタミンAがとても多く含まれているので摂りすぎに注意が必要です。3歳未満の子どもの1日の上限量は600μg。こちらの製品は1g当たり360μgのビタミンAが含まれています。

冷凍ミックスベジタブル

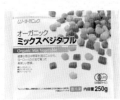

**オーガニックミックス
ベジタブル(むそう商事)**

使い勝手がよく、離乳食に限らずストックしているご家庭も多い製品。冷凍した野菜は細胞壁が壊れやすいため、生の野菜を加熱するよりも短時間で柔らかくなります。

グリーンピースうらごし

**グリーンピースうらごし
100g(ホリカフーズ)**

介護食として作られたグリンピースを裏ごしただけのシンプルな製品。ビタミン、ミネラル、食物繊維の補給に役立ちます。ポタージュスープにおすすめです。

\ 上手に取り入れたい！ /

栄養強化された 市販のベビーフード

「ちゃんと足りているのかな？」というお母さんの不安を解消してくれる補完食にぴったりの製品を紹介します。
栄養素が添加されている製品で不足をしっかり補いましょう。

鉄 など成長に必要な 栄養素が添加されている Gerberなどのシリアル

日本ではお米を炊いて離乳食にするのが一般的ですが、海外ではオートミールやライスシリアルなどが利用されています。Gerberのシリアルは、遺伝子組み換えでなく、防腐剤や人工甘味料も不使用。鉄や亜鉛、ビタミンAやビタミンB群、DHAなど、赤ちゃんの成長に必要な栄養素を添加しているさまざまな製品があり、用途に合わせて選べます。

左）Gerber社「DHA & Probiotic, Rice Single Grain Cereal」
右）Gerber社「DHA&Probiotic, Oatmeal Single Grain Cereal」

鉄 カルシウム が 添加されている 和光堂 らくらくまんま 緑黄色野菜 練り込みめんシリーズ

あらかじめ食べやすい長さにカット済みで使いやすい、赤ちゃんのための乾めんシリーズです。うどんとパスタの2種類で、毎日の離乳食メニューのバリエーションが広がります。鉄とカルシウムの栄養が摂れるだけでなく、めんに緑黄色野菜が練り込まれているので野菜が苦手なお子さまもおいしく食べられます。電子レンジ調理も可能なので、忙しい日も手軽に食事の準備ができます。

左から）らくらくまんま ベビーのうどん 10種の緑黄色野菜／らくらくまんま ベビーのパスタ 4種の緑黄色野菜（ともに7か月頃から）

鉄 カルシウム を添加
森永乳業　大満足ごはん

ごはん＋おかずが一品になっているタイプのベビーフード。ごはんとおかずを別々に用意する必要がなく、自立してお皿になるパウチなので、お出かけのときに便利な製品です。国産野菜と国産コシヒカリを使用し、赤ちゃんに必要な鉄やカルシウムが添加されています。一食120gとたっぷりサイズ。しっかり食べたい赤ちゃんにもおすすめです。

左上から）大満足ごはん（9カ月頃から）　鶏肉と6種野菜の炊き込みごはん／さつまいもとかぼちゃのリゾット／ほうれん草のコーンクリームドリア／（12カ月頃から）　牛肉と椎茸のすき焼き風ごはん／豆腐と野菜のあんかけチャーハン／えびとブロッコリーのトマトリゾット

鉄 ビタミンD カルシウム
DHA ビタミンA
が添加されている
the kindest babyfood

材料にこだわり、理想の栄養バランスを追求した製品。食材は国産有機栽培、特別栽培の野菜、天然魚、国産肉を最大限使用。素材本来の味が味わえるよう、塩、白砂糖を加えずにレシピ作成。保存料・着色料などは使用していません。特徴は、しっかりと栄養バランスが考えられている点。摂取しにくい鉄、ビタミンD、カルシウムなどが不足しないように設計されています。

左上から）シラスと白いんげんの和え物（5〜6カ月頃から）／レバーとカツオ節のポテトサラダ（7カ月頃から）／農夫風ポタージュ（9カ月頃から）／ハンバーグと野菜のとまと煮込み（11カ月頃から）

---

memo
補完食作りに役立つBF

　市販のベビーフードを利用するのは手抜きではありません。安全な食材を使い、栄養面も衛生面も優れている市販品は、赤ちゃんの健康づくりに役立つもの。海外では市販品だけを食べて育つ赤ちゃんもたくさんいます。

　補完食作りは赤ちゃんにとってもお母さんにとってもよい時間であるべきです。手作りすることがストレスになりイライラするようであれば、手作りしている一部を市販品に変えるなどして、ゆとり時間を作りましょう。単一食材の加工品はストックしておくと本当に便利。「できるだけ手作りしたい」というお母さんにもおすすめです。

補完食を食べさせるコツ

赤ちゃんの成長には個人差があるので、補完食の食べ方もさまざま。よく食べる子もいれば、食べない子もいます。コツをつかんで楽しい食生活をスタートしましょう。

食べさせるコツ

1 姿勢と椅子

赤ちゃんに食べさせるときのコツは、正しい姿勢にすること。そのためにも、赤ちゃんが座る椅子の選び方のコツも押さえておくといいでしょう。

体を全部起こして背中とお尻が直角になるように座らせて

赤ちゃんは、いつも椅子にどんな姿勢で座っていますか？ 横から見たときに背中が床に対して直角、または若干前かがみになっていれば大丈夫。足の裏が床や足台にぴったりとくっついていれば理想的です。もし、少し後ろに傾いていたり、足が上がっていたりするなら、少し座り方を変えてあげましょう。大人も実際に試してみるとよくわかりますが、寝転んだり上を向いたりしながら食べるのは至難の業。食べ方の練習が終わっていない赤ちゃんの場合、誤嚥を起こす可能性もあるので、安全のためにも安定して座ることができる椅子を選びましょう。

バウンサーでゆらゆら…

グラグラするときは背中にクッションをはさんで！

これでOK!

背中が床に直角の姿勢

お尻が沈み込まない形状の椅子を選びます。足の付け根、膝、足首が直角になる高さの足台があるとベスト。

この姿勢はNG!

バウンサーで斜め姿勢

座面が斜めなので顔が上向きになりがち。揺らすのが好きな赤ちゃんは、足をバタつかせてより不安定に。

② スプーンの角度

スプーンであげるときの角度が大切です

スプーンで食べ物を口に入れる際も赤ちゃんの顔が上を向かないようにしましょう。スプーンをどこから口に運ぶかで、赤ちゃんの顔の向きが変わります。「離乳食を食べないんです」と悩んでいるお母さんに、スプーンであげるときの角度についてお伝えしたらちゃんと食べられるようになったこともあります。

食べさせる人は赤ちゃんよりも大きいので、気をつけないとつい高い位置から食べさせてしまいます。コツは、食べさせる人が赤ちゃんと同じ目の高さになること。赤ちゃんの顔の下のほうからスプーンを口に運んであげましょう。

赤ちゃんに補完食をあげても、スプーンを押し出したり、イヤイヤしながら、食べてくれないことも。その原因は、スプーンの角度にあるのかもしれません。

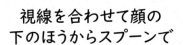

これでOK!

視線を合わせて顔の下のほうからスプーンで

下唇のあたりにスプーンを軽くのせます。赤ちゃんが、上唇をスプーンにかぶせるようにして食べ物を取り込めたら○K。

このあげ方はNG!

顔の上のほうからスプーンであげるのはNG!

自分が食べさせてもらうとしたら、どうスプーンを持ってきてほしいでしょうか。顔の上の方からスプーンを差し出すと、食べものが赤ちゃんの上顎にくっつくことがあり、唇を閉じて食べものを取り込む訓練ができません。

Q&A

食べてもらえないのが心配です…。

母乳を飲むことができるのは、生まれつき吸啜反射が備わっているため。その点、噛んで飲み込むという行為は、獲得能力なので、練習をして身につけていくものです。気長に見守りながら、噛んで飲み込む練習をさせてあげましょう。

オエッとするとき

赤ちゃんに食べさせているとき、オエッと吐きそうに
なっているのを見ると、心配になりますよね。オエッと吐きそうに
特に手づかみ食べの練習のときに見られることが多いですが、
アレルギーの可能性もあるので様子をみましょう。

オエッとしながらも もぐもぐ食べて いればOK！

食べている最中に赤ちゃんがオエッと食べにくそうにしていると心配ですね。でも大丈夫。離乳食を食べている時期は食べる練習をしている段階なので、うまく食べられずにオエッとなるのはよくあること。とくに多いのは手づかみ食べをしている時期。前歯でかじり取って口に入れるちょうどよい量がわかるまでは、口に入れる量が多すぎて度々オエッとなることも。どうやって食べると食べやすいか、自分の一口はどれくらいかを学んでいる最中なので、急かさず焦らずに見守ってあげましょう。上手に食べられないうちは、大きな塊を飲み込んでのどを詰まらせてしまう可能性があるので目を離さず、必ずそばにいてあげましょう。

まれに、ほかの食材ではあまりオエッとなったり嘔吐したりしないのに、特定の食べ物だけ嫌がったり、嘔吐したりすることがあります。その場合は、アレルギーの可能性も考えられるので小児科で相談しましょう。また、上手に口に入れたのに飲み込まずにベロベロと舌で押し出したり、ペッと吐き出すことがあります。舌触りが嫌だったり飲み込みにくかったりする場合にある反応です。そんなときは、とろみをつけてまとまるようにしてみましょう。ごっくんと飲み込みやすくなります。

Q&A

丸飲みしてしまうときはどうしたらいいですか？

赤ちゃんは生まれながら母乳やミルクを飲む方法は知っていますが、食べ物を噛んで食べる方法は知りません。よく噛んで食べられるようになるには学習が必要です。家族やお友達と一緒に食事をすると赤ちゃんは真似をして口を動かすようになります。よく噛んで飲み込めるようになるのは、奥歯が生え始めた頃なので、歯が生えてくるのがゆっくりな子は焦らず少しずつ進めましょう。最終的に大人のようにしっかり噛んで食べられるようになるのは3歳頃です。

一緒にモグモグしましょう！

食べてくれないとき

赤ちゃんの栄養を考えて、一生懸命作ったのになかなか食べてくれない…と心が折れそうになることも。「食べてくれたらラッキー」ぐらいの気持ちで繰り返しあげてみましょう。

回経験すると食べられるようになるという研究があります。コツは、赤ちゃんに「これは食べても大丈夫なものだ」と感じさせてあげることです。食べてくれないものを作って食べさせるのはなかなか苦痛ですが、少しでも口に入れてくれたら「やったー!」「食べられたね」と喜んであげましょう。親が喜ぶ様子は赤ちゃんの幸せ体験につながります。「食べてもいいんだ」という成功体験が積み重なることで、赤ちゃんは苦手な食材がだんだんと食べられるようになり、好き嫌いのない子に成長します。

食べなくても タイミングを見ながら 繰り返しあげて

離乳食を「食べない」赤ちゃんはたくさんいます。「食べない」理由はいろいろありますが、なかでも大きな理由と考えられるのが新奇性恐怖です。子どもに限らず、大人でも見知らぬ食べ物を食べるときは「大丈夫かな?」と不安な気持ちになりますよね。赤ちゃんはこれまで母乳やミルクの甘味や旨味を味わったことはあっても、苦味などは未経験。酸っぱいものは腐っているかもしれない、苦いものは毒かもしれない……と感じて不快なものを口から出してしまうのは生きものとして自然な反応です。

この新奇性恐怖を取り除くことが、「食べない」を克服する方法です。はじめは食べなかった食材でも、8〜12

Q&A

食べているときに 口のまわりに湿疹ができます

離乳食の時期はよだれが増える時期と重なります。この時期に出てくる口の周りの湿疹は、よだれかぶれかもしれません。
予防するには、食事の前によだれや食べ物が口の周りにくっつかないよう、ワセリンをたっぷり塗っておくのがおすすめです。食べ終わったらきれいに拭き取るか、水洗いして、もう一度しっかりとワセリンを塗って肌を保護してあげましょう。

食べさせる前にワセリンを塗るのがオススメ!

赤ちゃんに必要な栄養素は
こうやって覚えよう！

冬に恋した孫にご飯

赤ちゃんに必要な鉄、亜鉛、ビタミンD、ビタミンAの栄養素を摂り入れるには、
どう覚えればいいのでしょうか。下記のような語呂合わせで覚えると簡単です。

	食材	栄養
ふ	フルーツ（マンゴー・柿・スイカ・パパイヤなど）	ビタミンA／鉄の吸収を助けるビタミンC
ゆ	油（オリーブオイル・バターなど）	エネルギーの補充／ビタミンA
に	肉（牛肉・豚肉・鶏肉・レバー）	鉄／亜鉛／ビタミンA
こい	色の濃い緑黄色野菜（ほうれん草・にんじん・かぼちゃなど）	ビタミンA
し	しらす鮭（小魚・しらす・赤身のまぐろやかつお・鮭）	鉄／亜鉛／ビタミンA／ビタミンD／ビタミンDの吸収に必要なカルシウム
た	卵（鶏卵・うずら卵）	亜鉛／ビタミンA／ビタミンD
ま	豆（小豆・そら豆・えんどう豆・大豆など）	鉄／亜鉛
ご	ごま（ごま・ナッツ類）	亜鉛
に	乳製品（牛乳・バター・チーズ・ヨーグルト）	ビタミンDの吸収に必要なカルシウム
ごはん	ご飯（主食の米・うどん・パンなど）	エネルギー

　上の表の食材をまんべんなく日々の補完食に取り入れれば、赤ちゃんに必要な4つの栄養素を満たすことができます。「ふ：フルーツ」「に：肉」「こい：緑黄色野菜」「し：しらす、鮭」「ま：豆」「ごはん：主食」は、Part2の中で解説していますので参考に。「た：卵」は、ビタミンCと食物繊維以外の栄養素をすべて含む優秀食材です。「ご：ごま」は、骨を作るカルシウムやビタミンEなどを含みます。「に：乳製品」は、免疫ビタミンのビタミンAや亜鉛が含まれます。

Part 2

進め方と作り方が
わかる！

フリージング＆時短で

簡単

補完食レシピ

補完食のきほんが理解できたら
進め方をチェックして、早速作ってみましょう。
補完食のフリージングとアレンジレシピや、
市販のベビーフードや便利食材を使った
レンチンするだけでできる時短レシピを紹介します。

はじめてでもよくわかる
補完食の進め方

赤ちゃんに必要な栄養のことがわかったら、次は補完食の進め方を覚えましょう。
少しずつ食材の種類と食べる量を増やしながら、だんだんと大人の食事に近づけていきましょう。

いつから始める？

5〜6カ月からスタート！体がしっかりと支えられるようになってきたら

赤ちゃんの首がしっかり据わり、支えれば座れるようになったり、よだれが垂れるなどのサインが出てきたりしたら、補完食スタート。元気で機嫌がいいタイミングを見計らって、補完食を始めましょう。朝と昼、雑穀がゆなどの主食を小さじ1〜2から始めます。少しずつ量を増やしていき、一通りクリアしたら、野菜や果物、肉、魚、豆など、はじめて口にする食材を1種類ずつ始めます。毎回少しずつ食べる量を増やし、3回続けて同じものを食べさせてみて、口の周りが真っ赤になるなどのアレルギーの症状がなければ、次の食材へ進めて大丈夫。それを繰り返しながら、食べられる食材を増やしていきましょう。

Q&A

補完食のスタートは遅くなっても大丈夫？

アレルギーが心配などの理由で、スタートを遅らせるお母さんもいるようですが、遅らせたらからといって、その後のアレルギーの発症は減らせないことが最近の研究でわかっています。むしろ、6カ月頃から始めた方が、アレルギーの発症を減らすこともわかっているので、まずは始めましょう。反対に、生後3カ月からなど、早すぎるのもNG。口の発達や消化機能も未発達なので不向きです。

Q&A

卵黄の保存方法ってどうしたらいい？

固ゆでした卵黄は、茶漉しなどで裏ごしますが、1回の使用量が少ないので、その都度作るのは面倒ですね。固ゆでした卵黄1個分を全部裏ごし、タッパーや保存袋などに入れて冷凍保存するのがおすすめです。解凍方法は、必要な量を取り出して（裏ごししてから冷凍するので、ポロポロとしていて、取り出しやすい）、電子レンジで様子を見ながら、10秒ずつ加熱すればOKです。

チェックリスト

☐ **首がしっかり据わっている**

☐ **人が食べている姿に興味を示している**

☐ **よだれを垂らしている**

☐ **5〜6カ月である**

☐ **うつ伏せに寝かせると、両手でグッと体を持ち上げる**

早産児・未熟児など出生後入院が必要だった子は、主治医とスタート時期を相談してみましょう

 **START!**

雑穀がゆ、または、オートミールがゆ 2回食からスタート！

はじめての一口は、雑穀がゆやオートミールがゆ、ライスシリアルから。
朝と昼に小さじ1〜2から始めて、7日間かけてだんだんと増やしていきましょう。

主食	雑穀がゆ（つぶし）→P62	オートミールがゆ（つぶし）→P64
	ライスシリアルの場合…ライスシリアル大さじ1に対して母乳orミルクorお湯大さじ1〜2で溶く。	

	朝 ☀	昼 ☀
1日目	🥄 小さじ1〜2	🥄 小さじ1〜2
2日目	🥄🥄 小さじ2〜3	🥄🥄 小さじ2〜3
⬇	⬇	⬇
7日目	🥄🥄🥄 小さじ3＝大さじ1	🥄🥄🥄 小さじ3＝大さじ1

　最初は、消化がよく食物アレルギーの心配が少ない雑穀がゆやオートミールがゆからはじめましょう。鉄や亜鉛、ビタミンAなどの赤ちゃんに必要な栄養素が添加されたライスシリアルを利用するのもおすすめ。食べさせる時間や回数は、例えば、10時、14時など、厳密に決める必要はありません。おすすめは、家族の食事の時間と同じ時間帯。食べている姿をじーっと見てよだれを垂らしたり手を伸ばしてくるかもしれません。もしそのとき食べなければ、たまたま食べたくないタイミングだったかもしれないので、時間帯をずらしてあげるようにしましょう。リラックスして赤ちゃんに話しかけながら、ゆったりした気持ちで。

Q&A

2回食から始めるのはどうして？

赤ちゃんは生まれながらにして「吸啜反射」といって、口に乳首が入るとチュッチュと吸う反射があるので、学ばなくても母乳やミルクは飲むことができます。しかし、食べものを口に取り込み、飲み込むということは、学んで身につけていく能力です。1日1回りの練習で、そして、もし、そのとき食べなかったとしたら、全然食べる練習ができないまま、日にちだけが過ぎていくことになります。だから1日2回食から開始し、順調に進んできたら3回食にします。もともと小食であまり食べない子の場合も早めに3回にするようにしましょう。

1週目の雑穀がゆやオートミールがゆをクリアしたら、野菜や果物を1種類ずつ。
ときどき、肉やレバー、しらす、豆も取り入れて。卵黄も耳かき1杯分から。

| 主食 | 雑穀がゆ(つぶし)
→P62 | オートミールがゆ(つぶし)
→P64 | ライスシリアル
→P37 |

野菜・果物

にんじん
(すりつぶし)
→P132

かぼちゃ
(すりつぶし)
→P130

ほうれん草
(すりつぶし)
→P128

トマト
(すりつぶし)
→P136

りんご
(すりつぶし)
→P140

パプリカ
(すりつぶし)
→P138

さつまいも
(すりつぶし)
→P134

バナナ
(すりつぶし)
→P140

コーン(とろとろ)
とうもろこしフレーク(BF)大さじ1
を水大さじ1で溶く。

肉・魚・豆・卵

鶏もも肉
(すりつぶし)
→P104

大豆
(すりつぶし)
→P86

しらす
(すりつぶし)
→P114

鶏レバー
(すりつぶし)
→P108

枝豆
(すりつぶし)
→P84

卵黄
(すりつぶし)
→P36

2〜4週目の食材をクリアしたら、魚、豆、豆腐など、新しい食材を1種類ずつ。
そろそろ1日3回食に進むので、献立を意識してみるのもおすすめ。

| 主食 | 雑穀がゆ(つぶし)
→P62 | オートミールがゆ(つぶし)
→P64 | ライスシリアル
→P37 |

野菜・果物・魚・豆

まぐろ
(すりつぶし)
→P110

ひよこ豆
(すりつぶし)
→P88

グリーンピース
(すりつぶし)
→P90

なす(すりつぶし)

鮭(すりつぶし)

豆腐(すりつぶし)

オレンジ(小さく切る)

ブロッコリー(すりつぶし)

かぶ(すりつぶし)

麩(すりつぶし)

---

memo
どんな症状が出たらアレルギーを疑えばよい?

アレルギーは、原因となる食材を食べて2時間以内に症状が出てくることが多く、最も多い症状は、大きな虫刺されのような発疹がたくさんできる蕁麻疹や肌の赤みやかゆみ、目の腫れなどの皮膚症状です。もし、呼吸がゼイゼイと苦しそうだったり、顔色が悪かったり、嘔吐を繰り返し、ぐったりするようであれば、救急を受診するようにしましょう。もし、口の周りが赤くなるだけなら(体に発疹が出ていない場合)、食材が皮膚に触れた時に生じるかぶれのことがあります。次にその食材をあげるときは、口の周りにしっかりとワセリンなどを塗り、肌に直接触れないようにして、同等の量であげてみましょう。それで発疹が出なければ問題ありません。

38

まずは、野菜と果物を1種類ずつ。カロテノイドとビタミンCの豊富な緑黄色野菜を中心に、ときどき果物を食べさせて。クリアした食材はそのあと食べられます。

	朝 ☀	昼 ☀	ポイント
8日目	主食 ＋ ①にんじん	主食 ＋ ①にんじん	にんじんポタージュ（P146）
9日目	主食 ＋ ①にんじん	主食 ＋ ②かぼちゃ（①も食べてOK）	9日朝、にんじんクリア！9日夜、にんじんをプラスしてもOK
10日目	主食 ＋ ②かぼちゃ（①も食べてOK）	主食 ＋ ②かぼちゃ（①も食べてOK）	10日夜、かぼちゃクリア！
11日目	主食 ＋ ③ほうれん草（①〜②も食べてOK）	主食 ＋ ③ほうれん草（①〜②も食べてOK）	にんじん、かぼちゃ、どちらかをプラスしてOKというようにクリアを繰り返して、食べるものを増やしていく！
12日目	主食 ＋ ③ほうれん草（①〜②も食べてOK）	主食 ＋ ④りんご（①〜③も食べてOK）	かぼちゃとりんごのとろとろ（P130）
13日目	主食 ＋ ④りんご（①〜③も食べてOK）	主食 ＋ ④りんご（①〜③も食べてOK）	
14日目	主食 ＋ ⑤トマト（①〜④も食べてOK）	主食 ＋ ⑤トマト（①〜④も食べてOK）	

5食材ぐらいクリアして、食べることに慣れてきたら、卵黄にトライして。鶏肉や大豆、しらすも1種類ずつ取り入れて、栄養を補充して。

	朝 ☀	昼 ☀	ポイント
15日目	主食 ＋ ⑤トマト（①〜④も食べてOK）＋ 卵黄耳かき1杯	主食 ＋ ⑥パプリカ（①〜⑤も食べてOK）	卵黄を試すときは朝がおすすめ！
16日目	主食 ＋ ⑥パプリカ（①〜⑤も食べてOK）	主食 ＋ ⑥パプリカ（①〜⑤も食べてOK）	鶏肉のトマトソース（P104）
17日目	主食 ＋ ⑦鶏もも肉（①〜⑥も食べてOK）	主食 ＋ ⑦鶏もも肉（①〜⑥も食べてOK）	野菜に慣れたら肉をプラスして。まずは鶏肉から！
18日目	主食 ＋ ⑦鶏もも肉（①〜⑥も食べてOK）	主食 ＋ ⑧さつまいも（①〜⑦も食べてOK）	
19日目	主食 ＋ ⑧さつまいも（①〜⑦も食べてOK）	主食 ＋ ⑧さつまいも（①〜⑦も食べてOK）	
20日目	主食 ＋ ⑨大豆（①〜⑧も食べてOK）	主食 ＋ ⑨大豆（①〜⑧も食べてOK）	大豆とほうれん草のとろとろ（P86）
21日目	主食 ＋ ⑨大豆（①〜⑧も食べてOK）＋ 卵黄耳かき2杯	主食 ＋ ⑩しらす（①〜⑨も食べてOK）	大豆をクリアしたらしらすをプラス！

4week の1例

補完食を食べることもだいぶ慣れてくる時期。今週はレバーも取り入れて。
今までクリアした食材と組み合わせた補完食を食べさせてもOKです。

	朝 ☀	昼 ☀	ポイント
22日目	主食 + ⑩しらす (①〜⑨も食べてOK)	主食 + ⑩しらす (①〜⑨も食べてOK)	さつまいもの しらすのせ(P114)
23日目	主食 + ⑪鶏レバー (①〜⑩も食べてOK)	主食 + ⑪鶏レバー (①〜⑩も食べてOK)	レバーのりんごのせ (P108)
24日目	主食 + ⑪鶏レバー (①〜⑩も食べてOK) + 卵黄⅛個	主食 + ⑫バナナ (①〜⑪も食べてOK)	レバートマトスープ (P120)
25日目	主食 + ⑫バナナ (①〜⑪も食べてOK)	主食 + ⑫バナナ (①〜⑪も食べてOK)	りんごとバナナの ミルク和え(P140)
26日目	主食 + ⑬枝豆 (①〜⑫も食べてOK)	主食 + ⑬枝豆 (①〜⑫も食べてOK)	クリアした食材を 組み合わせて バリエーションを楽しんで
27日目	主食 + ⑬枝豆 (①〜⑫も食べてOK) + 卵黄⅛個	主食 + ⑭コーン (①〜⑬も食べてOK)	コーンミルクがゆ (P76)
28日目	主食 + ⑭コーン (①〜⑬も食べてOK)	主食 + ⑭コーン (①〜⑬も食べてOK)	この調子で1つずつ クリアしていきましょう!

5week の1例

補完食を始めて1カ月が経って、食べられそうなら、1日3回食へ。
夕方に食べさせるなら、今までクリアした食材を使った補完食にしましょう。

	朝 ☀	昼 ☀	夜 🌙 今までOKだったもの
29日目	主食 + ⑮まぐろ (①〜⑭も食べてOK)	主食 + ⑮まぐろ (①〜⑭も食べてOK)	主食 + 大豆とほうれん草の とろとろ(P86)
30日目	主食 + ⑮まぐろ (①〜⑭も食べてOK) + 卵黄¼個	主食 + ⑯なす (①〜⑮も食べてOK)	主食 + 鶏肉のトマトソース (P104)
31日目	主食 + ⑯なす (①〜⑮も食べてOK)	主食 + ⑯なす (①〜⑮も食べてOK) ツナとなすのとろとろ(P120)	主食 + まぐろのかぼちゃ ソース(P110)
32日目	主食 + ⑰ひよこ豆 (①〜⑯も食べてOK) + 卵黄¼個	主食 + ⑰ひよこ豆 (①〜⑯も食べてOK)	主食 + さつまいものしらす のせ(P114)
33日目	主食 + ⑰ひよこ豆 (①〜⑯も食べてOK) ひよこ豆のトマト和え(P88)	主食 + ⑱ブロッコリー (①〜⑰も食べてOK)	主食 + レバーの りんごのせ(P108)
34日目	主食 + ⑱ブロッコリー (①〜⑰も食べてOK)	主食 + ⑱ブロッコリー (①〜⑰も食べてOK)	主食 + 枝豆のしらす和え
35日目	主食 + ⑲鮭 (①〜⑱も食べてOK)	主食 + ⑲鮭 (①〜⑱も食べてOK)	主食 + 鶏肉のにんじん和え

そろそろ、卵黄も1/2個ぐらい食べられるようになります。今までアレルギーの反応がなければ、卵黄はクリア。問題なく食べることができるでしょう。

	朝	昼	夜（今までOKだったもの）
36日目	主食 + ⑲鮭（①~⑱も食べてOK）+ 卵黄¼個	主食 + ⑳かぶ（①~⑲も食べてOK）	主食 + 大豆のバナナ和え
37日目	主食 + ⑳かぶ（①~⑲も食べてOK）	主食 + ⑳かぶ（①~⑲も食べてOK）枝豆とかぶのとろとろ（P84）	主食 + まぐろのパプリカソース
38日目	主食 + ㉑豆腐（①~⑳も食べてOK）	主食 + ㉑豆腐（①~⑳も食べてOK）ほうれん草の白和え（P128）	主食 + 鶏レバーのかぼちゃ和え
39日目	主食 + ㉑豆腐（①~⑳も食べてOK）	主食 + ㉒グリーンピース（①~㉑も食べてOK）	主食 + 鮭のトマトソース
40日目	主食 + ㉒グリーンピース（①~㉑も食べてOK）+ 卵黄½個	主食 + ㉒グリーンピース（①~㉑も食べてOK）グリーンピースとさつまいものマッシュ（P90）	主食 + しらすとコーン和え
41日目	主食 + ㉓麩（①~㉒も食べてOK）	主食 + ㉓麩（①~㉒も食べてOK）大豆とお麩のとろとろ（P96）	主食 + ツナとなすのとろとろ（P120）
42日目	主食 + ㉓麩（①~㉒も食べてOK）+ 卵黄½個	主食 + ㉔オレンジ（①~㉓も食べてOK）	主食 + かぼちゃと豆腐のとろとろ（P146）

ここまででアレルギーの症状がなければ卵黄は食べても大丈夫！

前歯でかじり取れるようになったら1歳~1歳6カ月の補完食へ進む

食べ物を前歯でかじり取り、バナナぐらいのかたさのものを食べられるようになったら、1歳~1歳6カ月の補完食に進みましょう。運動機能も発達してくるので、1日3回食の他に間食を2回にして。大人のご飯を味をつける前に取り分けて、子ども用にだけ作る手間を省くこともできます。大人用よりも少し柔らかいものを用意してあげましょう。

一人座りができて、食べる意欲が出てきたら9~11カ月の補完食へ進む

お座りができるようになって、食べ物に手を伸ばすようになってきたり、モグモグして食べる意欲が出てきたら、9~11カ月の補完食に進みましょう。ハイハイやずりばいなど活動量も増えてくるので、1日3回の補完食の他に、間食（補食）も1回プラスしましょう。一回の量も多くなり、食材の形もみじん切りから、角切りなどに変えて。

これ以降は7~8カ月の補完食を進めましょう

6週間進めて、さまざまな食材をクリアしたら、7~8カ月の補完食に進みましょう。1日3回食とし、固さや大きさなどはP42~43を参考に。今までクリアした食材を組み合わせたものなら、いつ食べてもOK。まとめ煮などを利用しても。主食、豆、肉、魚、野菜、果物を組み合わせるように心がけて。パンやうどん、パスタも食べられるように。

分量は各レシピの1回量が目安ですが、赤ちゃんの進み具合に合わせましょう。

月齢別 補完食の かたさ早見表

本来、補完食に「〇カ月になったら」という基準はありません。以下の表はあくまでも目安。
補完食開始から完了までの例として、かたさを変化させる際の参考にしてください。

1歳～1歳6カ月	9～11カ月	7～8カ月	5～6カ月		
軟飯 噛めるようになったら大人のごはんを少し柔らかく炊けばOK。	**しっかり** 噛む練習をするために、つぶしすぎないで粒々は残すほうがよい。	**粗つぶし** 軽くつぶして、そのまま飲み込んでもよいくらいの状態にするのが目安。	**つぶし** スプーンですくったとき、サラサラとこぼれず、ぼてっと落ちるくらいの濃さ。	雑穀がゆ	主食
2cm長さ コシが強いうどんでなければ、大人と同じくらいのかたさでOK。	**1cm長さ** 1cm長さに切り、噛む力が十分でなければ、しっかりゆでて柔らかく。	**みじん切り** 2～3mmサイズに刻んでから柔らかくなるまでしっかり煮ること。	小麦が原料のもの、塩分が含まれるものは、はじめはあげないほうがよい。	うどん	
粗みじん切り 薄皮は食べにくいようなら取り除く。細かく刻みすぎないように。	**みじん切り** ゆでて薄皮を取り除く。ラップに包んで指でつぶしてもOK。	**ごくみじん切り** ゆでて薄皮をむき、細かく刻む。食べにくければとろみをつける。	**すりつぶし** 柔らかく煮たものをつぶして裏ごしすると薄皮が簡単に除ける。	グリーンピース	豆類

42

1歳～1歳6カ月	9～11カ月	7～8カ月	5～6カ月		
5mm角 ゆでて切る。たくさん口に入れると飲み込めないので要注意。	**粗みじん切り** ゆでた鶏もも肉を刻む。ゆで汁に浸けておくとしっとりする。	**みじん切り** 刻んだ肉やひき肉に水を加え、細かくなるようほぐしながら加熱する。	**すりつぶし** ひき肉を使うとラク。ゆでてすりつぶす。ブレンダーを使うと簡単。	鶏もも肉	肉・魚
1cmサイズ 骨を取り除き、赤ちゃんが食べやすい一口サイズにする。	**粗いほぐし** 加熱した身をほぐして骨を取り除く。食卓でほぐしながら食べるのも◎。	**細かいほぐし** ゆでて皮と骨を除いてほぐす。とろみをつけると食べやすい。	**すりつぶし** 加熱後、身をすりつぶす。裏ごしすると骨を残さず取り除ける。	あじ	
1cm幅の輪切り 柔らかいけれど握りつぶさずに持てるくらいのかたさが理想的。	**粗みじん切り** 5mm角に切ってゆでる。柔らかければ、少し大きくても大丈夫。	**みじん切り** ゆでてから2～3mmのみじん切りにすると、舌触りよく仕上がる。	**すりつぶし** ゆでてすりつぶす。柔らかくなるまで煮ると簡単につぶせる。	にんじん	野菜

\ 焦らず、少しずつスタート！ /

5〜6カ月の補完食の献立例

まずは雑穀がゆやオートミールがゆなどおかゆ単品から始めますが、慣れたら食材をプラスしたり、品数を増やしていきます。赤ちゃんのペースに合わせて進めていきましょう。

2週目

献立Point ▶ **おかゆに慣れたら、トッピングをプラス**

まずはおかゆだけからスタートし、慣れてきたら野菜や果物などを1種類ずつ、おかゆに加え、アレルギーがないか様子をみながら与えましょう。

おかゆなら、トマトの酸味もまろやかに！

 不使用 卵 牛乳 小麦 大豆

主食 **和風トマトがゆ**（P62）

> **栄養memo**
> カロテノイドや、ビタミン類が豊富なトマトと、ビタミン、ミネラル、食物繊維が豊富に含まれる雑穀入りのおかゆで、栄養バランスが◎。

甘いかぼちゃで赤ちゃんも食べやすい

使用 牛乳 大豆 不使用 卵 小麦

主食 **かぼちゃのオートミールがゆ**（P64）

> **栄養memo**
> カロテノイドやビタミンCを豊富に含むかぼちゃは、免疫力アップに効果的。食物繊維が豊富なオートミールがゆで、便秘を予防して。

献立Point ▶ 補完食に慣れてきたら、食材を増やして

おかゆと野菜または果物1種類の食事になれたら、食材をもう1種類増やしていきます。
2種類とも初めて食べさせる食材にならないよう、必ず1種類ずつスタートさせて。

☀ **朝** ▶ だしの風味で朝ごはんにピッタリ!

使用 小麦 大豆 不使用 卵 牛乳

主食 和風
オートミールがゆ（P76）

＋

豆 大豆と
お麩のとろとろ（P96）

栄養memo
食物繊維が豊富なオートミールは、便秘予防に。大豆と麩には
植物性のたんぱく質が多く含まれます。また、麩は鉄や亜鉛な
どのミネラルも含んでいます。

☀ **昼** ▶ りんごの甘味でレバーを食べやすく

不使用 卵 牛乳 小麦 大豆

主食 和風
オートミールがゆ（P76）

＋

肉 レバーのりんごのせ
（P108）

栄養memo
レバーは鉄やビタミンAなどの栄養素を含む、赤ちゃんにうれ
しい食材。適量を意識して食べさせて。りんごに含まれるビタ
ミンCは、鉄分の吸収を高めてくれる効果も。

食べる種類を増やして!

7〜8カ月の補完食の献立例

1日2回の食事に慣れてきた7〜8カ月。6カ月よりも使う食材の数を増やして、栄養を
しっかり摂り入れることはもちろん、食べることの楽しさを感じながら進めましょう。

献立例 A

献立Point ▶ 複数の食材を使った補完食を1日3回にステップアップ!

6カ月の頃とは、かたさや切り方を変えながら、
朝、昼、夜の3回の食事に慣らしていきましょう。果物をプラスしても。

朝 ▶ パンがゆと野菜スープの洋風献立

使用 卵 牛乳 小麦 大豆

主食 かぼちゃのヨーグルト
パンがゆ (P66)

＋

豆 大豆と野菜の
トマトスープ (P86)

栄養memo
数種類の野菜を使ったスープは、ビタミンやミネラルの補給に
ぴったり。たんぱく質を豊富に含むヨーグルトは発酵食品なの
で、便秘予防にも効果的です。

---

column

赤ちゃんに水分を飲ませるときは、コップを使う?

赤ちゃんに水分を飲ませるとき、スパウトやストローつ
きマグカップか、コップを使うのか迷いますよね。口の
機能発達のためには、ストロー飲みより、コップの方が
おすすめ。ストローは、ストローに舌を巻きつけ哺乳瓶
の飲み方で飲めてしまうので、反射的に飲むということ
が続いてしまい、口の発達にはよくありません。最初は
むせることもあるかと思いますが、7〜8カ月ぐらいか
らコップを使ってすする練習をしていきましょう。

昼 ▶ みかんなどの果物もプラスして！

主食 キャベツとコーンの
煮込みうどん (P68)

＋

豆 ひよこ豆と大根の
とろみ煮 (P88)

＋

果物 みかん

栄養memo
みかんやキャベツにはビタミンCが多く含まれるので、免疫力
を高める効果が。また、ビタミンCは、ひよこ豆に含まれる鉄
や亜鉛の吸収を助けてくれるので、一緒に食べると効果的です。

 夜 ▶ ほっと落ち着く和風の晩ご飯♪

主食 ブロッコリーと
卵のおかゆ (P62)

＋

肉 鶏肉となすの
とろとろ煮 (P104)

栄養memo
さまざまな栄養素を含む卵ですが、ビタミンCは含まれません。
ビタミンCが豊富なブロッコリーを加えれば、さらにバランス
よく栄養を摂取できます。

朝 ▶ ヨーグルトには果物をトッピング!

使用 牛乳 大豆　不使用 卵 小麦

主食 鶏肉とブロッコリーの
オートミールがゆ（P77）

+

果物 バナナのヨーグルト
きな粉和え（P140）

栄養memo

大豆が原料のきな粉は、たんぱく質、食物繊維、鉄、カルシウムなどを含む、栄養価の高い食材。ご飯やおかずなどにふりかけるだけで、栄養価をアップできるので便利です。

昼 ▶ 甘いさつまいもで赤ちゃんも笑顔に

使用 大豆　不使用 卵 牛乳 小麦

主食 鮭とさつまいもの
おかゆ（P77）

+

魚 しらすと白菜の
ごま和え（P114）

栄養memo

鮭はビタミンDを豊富に含むので、意識して取り入れたい食材です。カルシウムが豊富なしらすと一緒に食べることで、カルシウムの吸収をアップさせてくれます。

夜 ▶ にんじんとほうれん草の彩り鮮やか!

| 使用 | 牛乳 | 大豆 | | 不使用 | 卵 | 小麦 |

主食 コーンクリームと
ほうれん草の
オートミールがゆ (P64)

+

肉 豚肉とにんじんの
チーズ和え (P106)

栄養memo
ビタミンBが豊富な豚肉とカロテノイドが豊富なにんじんは、
どちらも免疫力をアップしてくれる効果が期待できます。ほう
れん草とオートミールで鉄の補給も◎。

column

果物は
毎食プラスしてもOK

果物はビタミンCが豊富なので、赤ちゃんの栄養の中で
も大切な鉄の吸収を助けてくれます。7〜8カ月と9〜
11カ月は、毎食ごとに果物を少々加えるのもいいで
しょう。その際は、月齢ごとに食べやすい大きさや形状
にしてみてください。1歳〜1歳6カ月になったら、毎
食ごとに果物を添えましょう。エネルギーをプラスできる
ほか、ビタミン補給にも役立ちます。マンゴーや柿など
の黄色やオレンジ色の濃い果物は、赤ちゃんに必要な
ビタミンAの摂取にもなりますので、意識して取り入れ
てみるのもいいでしょう。7〜8カ月からは、補完食＋
果物、というようにセットで食べさせてあげてください。

甘くておいしい
だけじゃなく
栄養価もアップ

9〜11カ月 の補完食の献立例

朝、昼、夜の食事のリズムに慣れてた9〜11カ月。3回の食事では補えない栄養を、補食でサポートしていきましょう。手づかみ食べしやすいおかずもおすすめです。

献立例 A

献立Point ▶ 食事と食事の間に補食をプラスして、栄養補給を

1日3回の食事に慣れたら、食事と食事の間に補食も食べさせましょう。
不足しがちな栄養を補うためのものなので、おかしではなく、軽い食事と考えて。

朝 ▶ 栄養たっぷり具だくさん丼の献立

使用 大豆 ／ 不使用 卵 牛乳 小麦

主食 **野菜納豆丼**(P63)

＋

魚 **しらすとかぶの磯煮**
(P115)

＋

果物 **バナナ**

栄養memo
納豆は食物繊維やカルシウム、鉄、亜鉛などが含まれる栄養価の高い食品。しらすはビタミンDを含んでいるので、積極的に取り入れて。

---

column

食事の準備の際には、顔を触らないように

食中毒の原因になる菌には色々な種類がありますが、ほとんどが中までしっかり加熱さえすれば心配がなくなるもの。しかし、加熱をしても消えない毒素を出す「黄色ブドウ球菌」は、もともと人の鼻や皮膚、口の中に生息していることが多く、特に手の傷や手荒れの部分には多く存在する可能性が高くなります。食事の準備の際は、顔を触らない（特に鼻）、手荒れがあるときは手袋をつけるなどして、食材に菌をつけないようにしましょう。

昼 ▶ クリーミーなパスタにアクアパッツァが合う

使用 牛乳 小麦 | 不使用 卵 大豆

主食 グリーンピースと
さつまいもの
クリームパスタ (P71)

＋

魚 さばのアクアパッツァ
(P113)

栄養memo
ビタミンDが豊富なさばを使ったアクアパッツァは、しめじや
玉ねぎ、トマトも入っているので、野菜もしっかり食べられま
す。パスタのグリーンピースで植物性のたんぱく質を補給して。

夜 ▶ まぐろと鮭で魚をたっぷり食べられる！

使用 牛乳 | 不使用 卵 小麦 大豆

主食 まぐろとしいたけの
混ぜご飯 (P78)

＋

魚 鮭とじゃがいもの
チーズ焼き (P111)

栄養memo
不足しがちなビタミンDをまぐろと鮭でしっかり補給。カルシ
ウムが豊富なチーズを組み合わせることで、効率よく栄養を吸
収できます。

＋ **補食** しらすとブロッコリー
のお好み焼き (P151)

栄養memo
免疫力アップに効果のあるビタミンCが豊富なブロッコリー。
しらすでたんぱく質やカルシウムも摂取できます。食物繊維や
鉄分を含む青のりを加えて、手軽に風味と栄養価アップを。

使用 小麦 | 不使用 卵 牛乳 大豆

献立例 B

献立Point ▶ **とろみのあるおかず以外も増やしていく**

とろみの多かったおかずから、歯茎でつぶせる程度のかたさのおかずも増やして。
少しずつ大人の食事に近づける準備をしていきましょう。

朝 ▶ 果物はお好みのものを選んでOK!

使用 卵 牛乳 大豆 不使用 小麦

| 主食 | 鶏肉とトマトの
オートミールがゆ (P65) |

+

| 豆 | 枝豆とにんじんの
茶碗蒸し (P85) |

+

| 果物 | みかん |

> **栄養memo**
> 食物繊維やミネラルが豊富なオートミールのおかゆと、栄養価の高い卵を使った茶碗蒸しの献立です。みかんでビタミンCを補給できます。

昼 ▶ つるつるっと食べやすいうどんの献立

使用 小麦 大豆 不使用 卵 牛乳

| 主食 | トマトとオクラの
あんかけうどん (P69) |

+

| 肉 | 牛肉とじゃがいもの
みそ煮 (P107) |

> **栄養memo**
> 鉄が豊富な牛肉と、ビタミンCが豊富なじゃがいもの組み合わせは、鉄の吸収をアップしてくれます。野菜たっぷりのうどんと一緒に食べてバランスよく。

夜▶かぼちゃの優しい甘味で食べやすい!

使用 牛乳 不使用 卵 小麦 大豆

主食 かぼちゃとトマトの
チーズドリア(P78)

+

肉 レバーとキャベツの
ヨーグルト炒め(P109)

栄養memo
栄養価の高い緑黄色野菜や、鉄が豊富なレバーを使った献立です。チーズとヨーグルトで、たんぱく質、カルシウムも摂取しましょう。

使用 牛乳 不使用 卵 小麦 大豆

+ **補食** さつまいもとすりごま
のスイートポテト(P150)

栄養memo
甘味があり、赤ちゃんに人気のさつまいもは、ビタミンCや食物繊維が含まれるので、免疫力アップや便秘予防の効果が。カルシウムや鉄を含むごまを混ぜて、栄養アップ。

---

column

アレルギーって防ぐことができるの?

アレルギーは、体内に入ってきたものが敵ではないのに敵だと判断して攻撃する反応のことです。アレルギーを防ぐために2つの方法があります。1つ目は、体内に敵に勘違いされやすいものを入れないこと。つまり、肌のバリアをしっかりとして、肌から敵が入ってこないようにします。もし離乳食開始前に、口周りによだれかぶれなどの肌荒れがあるようであれば、まずはそれを治すようにしましょう。そして離乳食を食べる前に、その都度口の周りにワセリンを塗って敵の侵入を防ぐことが大切です。2つ目は、敵（に勘違いされやすいもの［*］）を敵じゃないよと思わせるために、少しずつ食べて慣れさせる方法。敵（*）が一気にたくさん入ってきたら攻撃するかもしれませんが、敵が少しなら、あれ?敵じゃないかも?ととらえることができ、少しずつ敵（*）が増えてきてもその状態に慣れ、攻撃しなくなります。成長してアレルギーが治るというのは、「なーんだ敵じゃなかったんだ!」ということが成長してわかるようになったということです。なので、敵に勘違いされやすいもの（例:卵）でも恐れずに少しずつ慣れさせていくようにしていくとよいでしょう。

1歳〜1歳6カ月の補完食の献立例

食事からほぼ栄養を摂るようになる1歳〜1歳6カ月。使用する食材はもちろん、調理法の
バリエーションも増やして、栄養を補いながら、楽しい食事を心がけましょう。

献立例 A

献立Point▶ **食事からしっかり栄養が摂れる献立に**

肉、魚、豆、野菜、果物などを1日3回の食事の中で、バランスよく取り入れた
献立です。果物も添えて、エネルギーと栄養をサポートして。

朝 ▶ オクラとオートミールで食物繊維たっぷり

使用 卵 牛乳 大豆　不使用 小麦

| 主食 | 鮭とオクラの
ネバネバのせ
オートミールがゆ（P65） |

＋

| 野菜 | トマトと卵の炒め物
（P137） |

＋

| 果物 | りんご |

栄養memo
ビタミンDが豊富な鮭と食物繊維が豊富なオートミールとオク
ラのおかゆです。リコピンが含まれるトマトと様々な栄養を含
む卵の炒め物で、バランスよく栄養を摂取して。

---

column

スプーンを使って食べられるのはいつ？

9〜11カ月頃から食べ物に手が伸びてくる子が出てくる
かもしれません。自分で食べる意欲がわき、練習を重ね
ることで、1歳ぐらいで手づかみ食べができる子が増え
てきます。スプーンやフォークを使えるようになるのは
もう少し先で、平均は16カ月、最遅で19カ月というデー
タがあります。ですから、なかなかスプーンやフォーク
を上手く使えないからと、焦る必要はありません。だん
だんできるようになっていくので、見守りましょう。

昼 ▶ 具だくさんで栄養バランスバッチリ!

使用 小麦 大豆 ／ 不使用 卵 牛乳

| 主食 | 豚肉とピーマンの焼うどん (P69) |

＋

| 野菜 | きんぴら炒り豆腐 (P145) |

＋

| 果物 | みかん |

栄養memo
ビタミンBが豊富な豚肉とビタミンCが豊富なピーマンの焼うどんで、免疫力をアップ。ごぼう、れんこんが入った根菜きんぴらで、食物繊維も補給して。

夜 ▶ カレーで風味をつけて食欲アップ

不使用 卵 牛乳 小麦 大豆

| 主食 | チキンライス (P75) |

＋

| 豆 | ひよこ豆とブロッコリーのカレー煮 (P89) |

栄養memo
チキンライスで使用するトマトピューレは、トマトの栄養がぎゅっと詰まって栄養豊富。リコピンやカロテノイド、ビタミンEなどが含まれます。

使用 卵 牛乳 小麦 ／ 不使用 大豆

＋

| 補食 | バナナとグリーンピースの蒸しパン (P152) |

栄養memo
食物繊維やビタミン、エネルギーなど、栄養がバランスよく含まれているバナナは、補食やデザートにおすすめの食材です。そのまま切って食べさせられるから、手軽で便利。

献立例 B

献立Point ▶ **大人と同じようなメニューでも薄味が基本**

補完食も仕上げの時期に差しかかり、大人の食事と近いものになっていきます。
よく食べてくれるからといって味つけも大人と同じではなく、ごく薄味を守りましょう。

栄養memo
たんぱく質やビタミン類が豊富な豚肉と、カロテノイドたっぷりのにんじんののり巻きです。のりにはミネラルや食物繊維が豊富に含まれています。

朝 ▶ 手づかみで食べやすいのり巻きの献立！

不使用 卵 牛乳 小麦 大豆

主食 **豚肉とにんじんの
のり巻き** (P79)

＋

野菜 **ほうれん草の
春雨スープ** (P129)

＋

果物 **みかん**

昼 ▶ 食感が楽しいサラダを合わせたパスタランチ

使用 牛乳 小麦 不使用 卵 大豆

主食 **ナポリタン** (P71)

＋

魚 **あじときゅうり、
かぼちゃの
おかずサラダ** (P113)

＋

果物 **りんご**

栄養memo
野菜たっぷりのナポリタンと、ビタミンDが豊富なあじが入ったサラダで、栄養バランスのよい献立です。サラダはヨーグルトを加えているから、カルシウム補給や便秘予防にも◎。

夜 ▶ 野菜たっぷりのドリアをメインに！

使用 卵 牛乳 小麦 大豆

主食 鮭と野菜のドリア（P63）

＋

豆 枝豆とコーンの
はんぺんバーグ（P85）

栄養memo
鮭と野菜を使ったドリアは、鉄やビタミンなどの栄養をバランスよく摂れる一品。植物性のたんぱく質や食物繊維が豊富な枝豆は、みじん切りにし、手づかみ食べしやすいおかずに。

使用 小麦 大豆 不使用 卵 牛乳

＋ 補食 きな粉とにんじんの
ビスケット（P153）

栄養memo
緑黄色野菜のにんじんは、カロテンなどの栄養が豊富に含まれます。大豆が原料のきな粉は、鉄分など赤ちゃんに必要な栄養素が豊富なので、混ぜたり、トッピングして使って。

column

離乳食の時期の母親の心と体の変化

離乳食開始の時期のお母さんは、その時点ですでに疲弊しています。産後すぐの母乳との戦いや寝不足、それが4〜5カ月続いた頃で、体力的に辛い時期。今までとは異なり、思い通りにことが進まず、ストレスが溜まり、精神的にも大変。そんな時期に、離乳食がはじまるのです。大半のお母さんにとっては、離乳食作りも、赤ちゃんに食べさせるのも初体験になるので、最初から上手くいかなくても気にする必要はありません。

フリージング&時短のコツ

赤ちゃんが一度に食べる量はほんの少し。家族の食事と赤ちゃんの食事を
全部手作りするとなると大変なので、ある程度の量をまとめて作って冷凍しておくのがおすすめです。

フリージング&時短を賢く利用してラクに赤ちゃんの食事作りを

作りおきするときや、市販品を食べきれないときなど、赤ちゃんの食事を保存する機会はよくあります。十分に腸のバリア機能が発達していない赤ちゃんは、大人よりも菌やウイルスに弱いので、食中毒が起こらないよう細心の注意が必要です。大人なら軽い腹痛や吐き気で済む程度のものでも、赤ちゃんだと激しい下痢や嘔吐を起こしてひどい場合、命にかかわるケースもあります。当たり前のことですが、赤ちゃんの食事の準備をするときは、必ず手洗いをし、清潔なキッチンで調理するようにしましょう。

衛生管理をきちんとおこなえば、フリージングはとても便利です。上手に活用すると時間が生まれます。

補完食のフリージングのルール

フリージングは衛生管理を正しくしないと、細菌が繁殖する場合も。
冷凍するとき、解凍するときの3つのポイントをご紹介します。

1 しっかり密閉して冷凍保存を

冷凍庫内の温度は菌が繁殖しにくい温度。−10℃で菌の繁殖がゆっくりになり、−15℃以下で繁殖は止まりますが、菌が死滅するわけではありません。しっかり密閉して冷凍を。安全に食べられる冷凍保存期間は約1週間です。

2 冷凍する前にしっかりと冷ますこと

細菌が繁殖しやすい20〜50℃の状態をできるだけ短くするのがコツ。調理したら一旦熱湯消毒した底の広いお皿に広げ、短時間でしっかり冷まします。また、熱いまま冷凍庫に入れるのはNG。調理後は粗熱がとれてから冷凍を。

3 解凍する時は中までしっかり火を通して

調理をするとき、しっかり加熱するのはもちろんですが、解凍して使う前にも再度中心部位が75℃で1分以上になるように加熱してから使用しましょう。加熱されているかどうか確認するには食事用の温度計の購入もおすすめです。

月齢に合わせて、
30ml、60ml、
100mlが
使いやすい！

どんな容器を使う？

小分けされた冷凍容器や
密閉ができる蓋つきの保存容器を

　最近は、離乳食のフリージングに役立つ小分け容器がいろいろと売られています。使い勝手がよいのは、蓋つきの製氷機と冷凍用保存袋です。凍ったら冷凍用保存袋に移して、作った日と1キューブ当たりの重さを記しておきます。ペーストなどは、冷凍用保存袋に直接入れて薄くのばして冷凍しておくと、必要な分だけ割って使えるので便利です。

フリージング補完食の解凍のルール

保存容器の場合

蓋をはずして
ラップをし、
電子レンジで加熱を

保存容器にもよりますが、蓋は電子レンジ使用不可のものが多いので外してラップで覆ってから加熱します。

加熱後は必ず
粗熱をとりましょう

食べる前には必ず再加熱を。中心温度が1分以上75℃以上になるまで加熱して粗熱をとってから食べましょう。

冷凍用保存袋の場合

手で割って
重さをはかり、
ラップをしてレンチン

深さのある容器で冷凍すると少量取り出すのは難しいので、使用量が一定でないものは冷凍用保存袋が◎。

時短補完食のルール

① ## レンチンやハンドミキサー
などの調理器具でラクする

加熱調理は電子レンジが便利。ペースト状にしたいときはハンドミキサーがあると裏ごしの手間が省けます。

② ## 市販食材やBFを上手に
利用すれば下ごしらえ不要！

手間のかかる野菜のペーストなどは市販品を利用すると大幅に時短できます。使いやすい製品をストックしておくと便利！

補完食の

主食の役割と栄養

赤ちゃんが成長していく中で、母乳だけでは必要エネルギーが満たせなくなります。
そのエネルギーの補う役割を担うのが、ご飯、パン、麺などの主食です。

主食は主にエネルギーの補充が目的です

ご飯やパン、麺などの主食は、炭水化物が主成分。炭水化物は、体内でブドウ糖に分解され、主にエネルギー源として利用されます。また、ブドウ糖は脳のエネルギーとして働く唯一の栄養素です。

赤ちゃんが成長するにつれて不足するエネルギーの補充のために、主食をしっかり与えましょう。最初に与えるおかゆが、水分の多いゆるいおかゆの場合、それでは、エネルギーも栄養価も低く、必要量を満たすことができません。スプーンですくってサラサラと落ちないぐらいのポッテリした全がゆぐらいを目安に作るといいでしょう。

また、おかゆにはもち麦やアマランサスを足して、パンや麺は、全粒粉タイプを選んで鉄・亜鉛・ビタミンB₁・食物繊維・カルシウムなどの栄養を補いましょう。

補完食のおすすめ主食 〈ご飯編〉

白米にもち麦やアマランサスを足して、雑穀がゆを作るのがおすすめ。
雑穀入りご飯を炊いておけば、雑穀がゆは簡単に作ることができます。

おすすめ食材

もち麦・アマランサス 鉄 亜

白米着

白米に加えて成長に必要な栄養価アップに

白米だけでは補うことができない食物繊維をはじめ、カルシウム、鉄、亜鉛など、赤ちゃんの体づくりに必要な栄養がたっぷり。

糖質が多い優れたエネルギー源

玄米を精製した白米は、栄養価は低めですが、その分糖質の割合は多め。消化、吸収に優れているので、すぐにエネルギー源になるのも特徴。

column

雑穀の消化のこと

もち麦とアマランサスなどの雑穀は、食物繊維が豊富で、赤ちゃんに負担がかかると言われていますが、むしろアレルギーが少なく、最初に食べさせる食材に向いています。補完食が始まる6カ月から、鉄や亜鉛などの補給が必要になるので、白米だけのおかゆよりも、雑穀のおかゆがおすすめです。

補完食のおすすめ主食 パン・麺編

オートミールは6カ月から、パンや麺は7～8カ月頃から取り入れたい主食。
パンやパスタは、全粒粉タイプを選ぶと栄養価が高くなります。

\\ おすすめ食材 //

オートミール

`鉄` `亜`

**カルシウム、食物繊維、
鉄、亜鉛の補給に**

オーツ麦を脱穀して調理しやすくした加工品。体づくりに必要なカルシウム、鉄、亜鉛はもちろん、食物繊維も豊富だから、ぜひ取り入れて。

全粒粉パン・全粒粉パスタ

`鉄` `亜`

**胚芽の栄養が摂れる
全粒粉タイプを**

パスタやパンは、全粒粉タイプが◎。小麦の胚乳、外皮、胚芽の栄養を丸ごと摂取。食物繊維をはじめ、鉄、亜鉛、カルシウムなどが豊富。

雑穀入りご飯と雑穀がゆの作り方

まずはご飯を
炊いてから!

\\ 家族みんなで
食べましょう! //

雑穀入りご飯

材料と作り方 (6回分)

❶ 米2合を研ぎ、もち麦1袋(50g)、アマランサス大さじ2を加えて30分ほど浸水させる。

❷ 炊飯器に水けをきった❶を入れ、水を2合の目盛りまで注ぐ。さらに水130㎖を加え、普通に炊く。

雑穀がゆの作り方

1 鍋に分量の水と雑穀入りご飯を入れ、火にかける。

2 沸騰したら弱火にし、20分ほど煮る。

3 火を止めて蓋をして蒸らしたら、すりつぶす。

Q すりつぶすときは
何を使えばいいですか?

A すり鉢に入れて、すりこぎですりつぶしてもいいですし、ハンドミキサーやフードプロセッサーを使うのもあっという間につぶせておすすめです。

Q だし汁はどうやって
用意したらいいですか?

A 昆布5㎝角1枚を小さく切って容器に入れ、かつお節10gをお茶パックに入れ、熱湯を注ぐだけでもいいですし、BFのだしを使ってもOK。栄養を意識するなら、なないろ栄養おだし(アンファー株式会社)を利用するのもおすすめです。

雑穀がゆフリージング

主食

Arrange
補完食

だし汁で
トマトの酸味が
まろやかに

雑穀がゆ（つぶし）

材料と作り方（6回分）

❶ 鍋に雑穀入りご飯40g、水160㎖を入れて蓋をし、中火にかける。沸騰したら弱火にし、20分ほど煮る。

❷ ❶の火を止めて20分ほど蒸らしたら、すりつぶす。粗熱がとれたら、6等分ずつ小分けにして冷凍する。

不使用 卵 牛乳 小麦 大豆

和風トマトがゆ

材料と作り方（1回分）

❶ 雑穀がゆフリージング1回分は電子レンジで1分30秒、トマトフリージング（P136）10gは20秒加熱して解凍する。

❷ ボウルに❶、だし汁小さじ½を入れ、混ぜる。

＼ そのまま食べるときは ／
1回分を電子レンジで1分30秒加熱し、解凍してから食べる。

Arrange
補完食

ビタミンCが豊富な
ブロッコリーで
免疫力アップ

雑穀がゆ（粗つぶし）

材料と作り方（6回分）

❶ 鍋に雑穀入りご飯150g、水500㎖を入れて蓋をし、中火にかける。沸騰したら弱火にし、20分ほど煮る。

❷ ❶の火を止めて20分ほど蒸らす。蒸らしたら、粗くつぶす。粗熱がとれたら、6等分ずつ小分けにして冷凍する。

使用 卵 不使用 牛乳 小麦 大豆

ブロッコリーと卵のおかゆ

材料と作り方（1回分）

❶ ブロッコリー（穂先）15gは柔らかくゆで、みじん切りにする。雑穀がゆフリージング1回分は電子レンジで2分加熱して解凍する。

❷ 耐熱ボウルに❶、だし汁大さじ2、卵黄½個を加えて混ぜる。ふんわりとラップをして電子レンジで1分加熱し、火が通ったら全体をよく混ぜる。

＼ そのまま食べるときは ／
1回分を電子レンジで2分加熱し、解凍してから食べる。

まずは食事の基本となるおかゆの作り方をマスターしましょう。
月齢によってかたさがちがうので、水の量を調整して、食べやすくしてあげて。

主食

9〜11カ月 ／フリージング／雑穀がゆ

Arrange 補完食

カラフルな
野菜と納豆で
栄養豊富！

使用 大豆　不使用 卵 牛乳 小麦

野菜納豆丼

材料と作り方（1回分）
❶ 雑穀がゆフリージング1回分は電子レンジで2分加熱して解凍し、器に盛る。
❷ ほうれん草フリージング（P129）10g、にんじんフリージング（P133）10gは電子レンジで30秒加熱して解凍する。
❸ ボウルに❷、ひきわり納豆大さじ1を入れて混ぜ、❶にのせる。

雑穀がゆ（しっかり）

材料と作り方（6回分）
❶ 鍋に雑穀入りご飯250g、水600mlを入れて蓋をし、中火にかける。沸騰したら弱火にし、20分ほど煮る。
❷ ❶の火を止めて20分ほど蒸らす。粗熱がとれたら、6等分ずつ小分けにして冷凍する。

＼ そのまま食べるときは ／
1回分を電子レンジで2分加熱し、解凍してから食べる。

1歳〜1歳6カ月 ／フリージング／雑穀がゆ

Arrange 補完食

塩分の少ない
モッツァレラ
チーズを使って

使用 牛乳 小麦　不使用 卵 大豆

鮭と野菜のドリア

材料と作り方（1回分）
❶ 鮭フリージング（P111）⅙量は電子レンジで30秒、パプリカフリージング（P139）20gは20秒、軟飯フリージング1回分は2分加熱して解凍する。アスパラガス1本は柔らかくゆで、5mm幅の輪切りにする。
❷ ❶を混ぜてグラタン皿に入れ、ホワイトソース（BF）大さじ2、モッツァレラチーズ10gをのせて、オーブントースターで5〜6分焼く。

雑穀軟飯

材料と作り方（6回分）
❶ 鍋に雑穀入りご飯300g、水400mlを入れ、蓋をせずに中火にかける。沸騰したら弱火にし、15分ほど煮る。
❷ ❶の火を止めて10分ほど蒸らす。粗熱がとれたら、6等分ずつ小分けにして冷凍する。

＼ そのまま食べるときは ／
1回分を電子レンジで2分加熱し、解凍してから食べる。

オートミールがゆフリージング

主食

 Arrange 補完食

かぼちゃの
やさしい甘さが
赤ちゃんに人気

オートミールがゆ（つぶし）

材料と作り方（6回分）
❶ 鍋にオートミール30g、湯で溶いた粉ミルク500㎖を入れ、蓋をして中火にかける。沸騰したら弱火にし、柔らかくなるまで20分ほど煮る。
❷ ❶をすりつぶし、粗熱がとれたら6等分ずつ小分けにして冷凍する。

使用 牛乳 大豆 不使用 卵 小麦

かぼちゃの
オートミールがゆ

材料と作り方（1回分）
❶ オートミールがゆフリージング1回分は電子レンジで1分30秒、かぼちゃフリージング（P130）10gは20秒加熱して解凍する。
❷ 器にオートミールがゆを盛り、かぼちゃをのせる。

\ そのまま食べるときは /
1回分を電子レンジで1分30秒加熱し、解凍してから食べる。

Arrange 補完食

ほうれん草は
ビタミンCや
鉄分が豊富！

オートミールがゆ（やわらか）

材料と作り方（6回分）
❶ 鍋にオートミール60g、湯で溶いた粉ミルク450㎖を入れ、蓋をして中火にかける。沸騰したら弱火にして、柔らかくなるまで20分ほど煮る。
❷ ❶の粗熱がとれたら、6等分ずつ小分けにして冷凍する。

使用 牛乳 大豆 不使用 卵 小麦

コーンクリームとほうれん
草のオートミールがゆ

材料と作り方（1回分）
❶ ほうれん草フリージング（P128）10gは電子レンジで30秒、オートミールがゆフリージング1回分は2分加熱して解凍する。
❷ ボウルに❶、コーンクリーム缶大さじ1、湯で溶いた粉ミルク大さじ½を入れて混ぜる。

\ そのまま食べるときは /
1回分を電子レンジで2分加熱し、解凍してから食べる。

7〜8カ月 ／フリージング／オートミールがゆ

主食

食物繊維や鉄分が豊富に含まれるオートミール。栄養豊富なので赤ちゃんにも
おすすめの食材です。白米と同様に、おかゆにして食べさせましょう。

9〜11カ月／フリージング／オートミールがゆ

Arrange 補完食

トマトで
さっぱり
さわやかな味

使用 牛乳 大豆　不使用 卵 小麦

鶏肉とトマトの
オートミールがゆ

材料と作り方 (1回分)

❶ オートミールがゆフリージング1回分は電子レンジで2
分、鶏肉フリージング(P105) ⅛量、トマトフリージ
ング(P137) 20gは30秒加熱して解凍する。

❷ ボウルに❶を入れ、混ぜる。

オートミールがゆ (つぶつぶ)

材料と作り方 (6回分)

❶ 鍋にオートミール90g、湯で溶いた粉ミルク500㎖を
入れ、蓋をして中火にかける。沸騰したら弱火にし、
柔らかくなるまで15分ほど煮る。

❷ ❶の粗熱がとれたら、6等分ずつ小分けにして冷凍する。

＼ そのまま食べるときは ／

1回分を電子レンジで2分加熱し、解凍してから食べる。

1歳〜1歳6カ月／フリージング／オートミールがゆ

Arrange 補完食

オクラの
ねばりで
食べやすい！

使用 牛乳 大豆　不使用 卵 小麦

鮭とオクラのネバネバのせ
オートミールがゆ

材料と作り方 (1回分)

❶ オクラ1本 (10g) は柔らかくゆで、薄切りにする。オー
トミールがゆフリージング1回分は電子レンジで2分
30秒、鮭フリージング(P111) ⅛量は20秒加熱して
解凍する。

❷ 器にオートミールがゆを盛り、混ぜ合わせたオクラと
鮭をのせる。

オートミールがゆ (しっかり)

材料と作り方 (6回分)

❶ 鍋にオートミール180g、湯で溶いた粉ミルク550㎖
を入れ、蓋をして中火にかける。沸騰したら弱火にし、
柔らかくなるまで15分ほど煮る。

❷ ❶の粗熱がとれたら、6等分ずつ小分けにして冷凍する。

＼ そのまま食べるときは ／

1回分を電子レンジで2分30秒加熱し、解凍してから食べる。

パンフリージング

memo

食パンは8枚切りが使いやすいのでおすすめ。卵使用のものと、不使用のものがあるので、卵アレルギーの子は要チェック。

たんぱく質、脂質、ミネラル、ビタミンなどの様々な栄養が含まれる胚芽パンもおすすめ。便秘の解消にも一役買います。

小麦全体をひいた全粒粉を配合したパンも取り入れて。ビタミンB群、ビタミンE、ミネラル、食物繊維なども豊富です。

ポイント

砂糖や塩使用のパンは7〜8カ月からがベスト

砂糖や塩使用のパンは、5〜6カ月からではなく、雑穀がゆに慣れてきた7〜8カ月ぐらいから様子を見てスタート。パンは食パンのほか、栄養価の高い全粒粉やライ麦、胚芽入りのパンもおすすめです。口ざわりはザラザラしますが、少しずつ慣らしていきましょう。最初は粉ミルクでパンがゆにし、手づかみ食べが始まる9〜11カ月はスティック状に、1歳〜1歳6カ月は4等分にして冷凍を。

Arrange 補完食

ヨーグルトでカルシウムを手軽に摂取

使用 卵 牛乳 小麦 大豆

かぼちゃのヨーグルトパンがゆ

材料と作り方（1回分）
① パンがゆフリージング1回分は電子レンジで1分、かぼちゃフリージング（P130）10gは30秒加熱して解凍する。
② ①を混ぜ合わせて器に盛り、無糖プレーンヨーグルト小さじ2をかける。

パンがゆ（とろとろ）

材料と作り方（6回分）
① 食パン（8枚切り）3枚は耳を切り落とし、細かくちぎって鍋に入れる。湯で溶いた粉ミルク300mlを加えて中火にかけ、沸騰したら弱火にして10分ほど煮る。
② ①の粗熱がとれたら、6等分ずつ小分けにして冷凍する。

\ そのまま食べるときは /
1回分を電子レンジで1分加熱し、解凍してから食べる。

おかゆに慣れきた7〜8カ月以降は、食パンも試していきましょう。柔らかく、ほんのり甘味があるから赤ちゃんも食べやすく、手づかみ食べの練習にもおすすめです。

主食

9〜11カ月 ／フリージング／パン

Arrange 補完食

スティックだから手づかみで食べやすい

使用 卵 牛乳 小麦 不使用 大豆

ヨーグルトタルタルパン

材料と作り方（1回分）
1. ゆで卵½個は粗みじん切りにし、無糖プレーンヨーグルト大さじ½と混ぜ合わせる。
2. スティックパンフリージング1回分は電子レンジで20秒加熱して解凍し、①をのせる。

スティックパン

材料と作り方（6回分）
食パン（8枚切り）4½枚は耳を切り落とし、半分に切り、端から1.5cm幅くらいの棒状に切る。6等分ずつ小分けにして冷凍する。

＼そのまま食べるときは／
1回分を電子レンジで20秒加熱し、解凍してから食べる。

1歳〜1歳6カ月 ／フリージング／パン

Arrange 補完食

バナナがおいしい！補食にもおすすめの一品

使用 卵 牛乳 小麦 不使用 大豆

バナナフレンチトースト

材料と作り方（1回分）
1. 食パンフリージング1回分、バナナフリージング（P141）30gは電子レンジで20秒加熱し、解凍する。
2. バットにバナナを入れ、フォークなどで滑らかにつぶし、溶き卵⅓個分、牛乳大さじ1を加えて混ぜ、食パンを加えてからめ、10分ほど漬ける。
3. フライパンにバター少々を中火で熱し、②を入れて蓋をし、弱火で焼く。焼き色がついたら裏返し、さらに3〜4分蒸し焼きにしてしっかり火を通す。

食パン

材料と作り方（6回分）
食パン（8枚切り）6枚は耳を切り落とし、4等分に切る。6等分ずつ小分けにして冷凍する。

＼そのまま食べるときは／
1回分を電子レンジで20秒加熱し、解凍してから食べる。

うどんフリージング

memo

うどんは無塩タイプを選びましょう。写真ははくばくの「食塩不使用ベビーうどん」。塩分ゼロの乾麺も市販されています。

市販のゆでうどんは使いやすいけれど、塩分が多いのでおすすめできません。もしも使うときは、ゆでてから入念に水洗いを。

乾麺は保存がきいて安いので、使いたくなるかもしれませんが、ゆでうどんより塩分が多いものもあるので避けましょう。

ポイント

うどんも7カ月から。無塩タイプを選びましょう

うどんは、ドロドロの状態にしにくい食材なので、雑穀がゆやオートミールがゆ、パンをクリアしたら、取り入れてみましょう。うどんで注意しなくてはならないのが塩分。市販のゆでうどんや干しうどんは塩分が多く含まれるので、補完食には不向きです。赤ちゃん用の無塩タイプのうどんも市販されていますので、利用するといいでしょう。柔らかくゆでて月齢ごとに長さを変えて冷凍して。

Arrange
補完食

ビタミンCが豊富なキャベツで風邪を予防

7〜8カ月／フリージング／うどん

使用 小麦　不使用 卵 牛乳 大豆

キャベツとコーンの煮込みうどん

材料と作り方（1回分）
1 キャベツ20g、コーン缶大さじ½はみじん切りにする。うどんフリージング1回分は電子レンジで2分加熱し、解凍する。
2 耐熱ボウルに1、だし汁大さじ3を入れてふんわりとラップをし、電子レンジで2分加熱する。

うどん（みじん切り）

材料と作り方（6回分）
1 ゆでうどん（無塩）1½玉（270g）は柔らかくゆで、みじん切りにする。
2 1の粗熱がとれたら、6等分ずつ小分けにして冷凍する。

＼ そのまま食べるときは ／
1回分を電子レンジで2分加熱し、解凍してから食べる。

主食

柔らかく煮たうどんは赤ちゃんでも食べやすいので、フリージングしておくと便利。
乾麺は塩分が多く含まれているので、この時期はベビーうどんや無塩のうどんを使いましょう。

9〜11カ月 ／フリージング／うどん

Arrange 補完食

とろみで
赤ちゃんの
食欲をアップ！

使用 小麦　不使用 卵 牛乳 大豆

トマトとオクラの あんかけうどん

材料と作り方（1回分）
1 うどんフリージング1回分は電子レンジで2分加熱し、器に盛る。オクラ1本（10g）は柔らかくゆで、粗みじん切りにする。
2 耐熱ボウルにトマトフリージング（P137）20g、オクラ、だし汁50㎖、水溶き片栗粉少々を入れて混ぜ、電子レンジで50秒加熱し、うどんにかける。

うどん（1㎝長さ）

材料と作り方（6回分）
1 ゆでうどん（無塩）2玉（360g）は柔らかくゆで、1㎝長さに切る。
2 1の粗熱がとれたら、6等分ずつ小分けにして冷凍する。

＼ そのまま食べるときは ／
1回分を電子レンジで2分加熱し、解凍してから食べる。

1歳〜1歳6カ月 ／フリージング／うどん

Arrange 補完食

肉と野菜を
バランスよく
食べられる！

使用 小麦　不使用 卵 牛乳 大豆

豚肉とピーマンの焼うどん

材料と作り方（1回分）
1 豚肉フリージング（P107）⅙量は電子レンジで30秒、ピーマンフリージング（P139）20g、にんじんフリージング（P133）15gは20秒、うどんフリージング1回分は2分加熱し、解凍する。
2 フライパンにオリーブ油少々を中火で熱し、1を入れて炒め、だし汁大さじ1、かつお節少々を加えて炒める。

うどん（2㎝長さ）

材料と作り方（6回分）
1 ゆでうどん（無塩）3玉（540g）は柔らかくゆで、2㎝長さに切る。
2 1の粗熱がとれたら、6等分ずつ小分けにして冷凍する。

＼ そのまま食べるときは ／
1回分を電子レンジで2分加熱し、解凍してから食べる。

パスタフリージング

memo

ゆで時間が短く、柔らかくなりやすいカッペリーニ。細くて食べやすいので7〜8カ月の補完食にピッタリ。

栄養価の高い全粒粉を使って作られたパスタも、ぜひ取り入れて。ビタミン、ミネラルはもちろん、食物繊維も豊富です。

食べにくいと思われがちなショートパスタですが、フジッリというショートパスタは、手づかみ食べにおすすめです。

ポイント

月齢によってパスタの種類を変えてみるのもおすすめ

パスタはバラバラになり、口の中に残りやすいので、補完食に取り入れるなら、7カ月頃からが◎。ただ、うどんと違って柔らかくなりにくいので、細めのパスタを使い、片栗粉でとろみをつけるのがおすすめです。月齢によって長さを変えて冷凍しておくと便利です。補完食が進むにつれて、普通のパスタにしたり、ショートパスタを取り入れても。全粒粉のパスタは栄養価が高いので、積極的に取り入れてみて。

Arrange 補完食

鉄分豊富なまぐろをかぼちゃ味で

7〜8カ月／フリージング／パスタ

使用 小麦　不使用 卵 牛乳 大豆

まぐろとかぼちゃのパスタ

材料と作り方（1回分）
1. パスタフリージング1回分は電子レンジで1分加熱し、解凍する。
2. 耐熱ボウルに1、まぐろフリージング（P110）⅛量、かぼちゃフリージング（P130）20g、野菜スープ（BF）大さじ2、水溶き片栗粉少々を入れてふんわりとラップをし、電子レンジで1分加熱する。全体をよく混ぜ、とろみがついたら器に盛り、青のり少々をふる。

パスタ（みじん切り）

材料と作り方（6回分）
1. カッペリーニ70gは柔らかくゆで、みじん切りにする。
2. 1の粗熱がとれたら、6等分ずつ小分けにして冷凍する。

＼ そのまま食べるときは ／
1回分を電子レンジで1分加熱し、解凍してから食べる。

主食

洋風の献立で使いやすいパスタは、7〜8カ月頃から与えましょう。
補完食の期間は、パスタの中でも麺が細い、カッペリーニなどがおすすめです。

9〜11カ月／フリージング／パスタ

Arrange
補完食

グリーンピースで
食物繊維や
たんぱく質を補給

使用 牛乳 小麦　不使用 卵 大豆

グリーンピースと
さつまいものクリームパスタ

材料と作り方（1回分）
❶ グリーンピースフリージング（P91）10gは電子レンジ
　で30秒、さつまいもフリージング（P135）20gは1分、
　パスタフリージング1回分は1分30秒加熱し、解凍する。
❷ ボウルに❶、ホワイトソース（BF）大さじ3を入れ、か
　らめる。

パスタ（1cm長さ）

材料と作り方（6回分）
❶ カッペリーニ100gは柔らかくゆで、1cm長さに切る。
❷ ❶の粗熱がとれたら、6等分ずつ小分けにして冷凍する。

＼ そのまま食べるときは ／
1回分を電子レンジで1分30秒加熱し、解凍してから食べる。

1歳〜1歳6カ月／フリージング／パスタ

Arrange
補完食

緑黄色野菜が
たっぷりだから
彩りも栄養も◎

使用 牛乳 小麦　不使用 卵 大豆

ナポリタン

材料と作り方（1回分）
❶ パスタフリージング1回分は電子レンジで2分、トマト
　フリージング（P137）50gは30秒、ピーマンフリージ
　ング（P139）20gは20秒加熱し、解凍する。玉ねぎ
　10gは粗みじん切りにする。
❷ フライパンにバター少々を中火で熱し、合いびき肉
　20gを入れて炒める。色が変わったら、玉ねぎを加え
　て炒め、しんなりしたらトマト、ピーマンを加えて炒
　める。パスタ、トマトピューレ小さじ1を加え、さっ
　とからめる。

パスタ（2cm長さ）

材料と作り方（6回分）
❶ カッペリーニ150gは柔らかくゆで、2cm長さに切る。
❷ ❶の粗熱がとれたら、6等分ずつ小分けにして冷凍する。

＼ そのまま食べるときは ／
1回分を電子レンジで2分加熱し、解凍してから食べる。

主食の まとめて半調理 フリージング&アレンジレシピ

主食の半調理フリージングさえあれば、忙しい日はそのままレンチンするだけで1品でき、
余裕がある日は、アレンジして楽しめるからとにかく便利。自家製の冷凍食品、おすすめです。

Point 1

7〜8カ月は、主食に野菜1種類を加えたまとめ煮を!

雑穀がゆやオートミールがゆなどの主食、かぼちゃやほうれん草などの野菜、豆、肉、魚など、10種類ぐらいの単品食材をクリアしたら、2つの食材を組み合わせた補完食に移ります。パンは、手軽に使えるうえ、ほんのり甘いので、赤ちゃんが喜ぶ食材です。カロテノイドの多い、にんじんなどの野菜を組み合わせ、粉ミルクを加えてまとめ煮にしておきましょう。これに豆や肉、魚を組み合わせれば、栄養アップにつながります。

Point 2

9〜11カ月は、複数の食材を合わせまとめ煮しておく

3回食に進むと、毎回栄養バランスを考えて補完食を作るのが意外と大変。そんなときに便利なのが、主食、野菜、肉、魚などを組み合わせて作る焼きうどんなどの一品。1日の中で1回でもいいので、1品で栄養がしっかり摂れる補完食を作っておけば安心です。時間のあるときにまとめて作って、小分けにして冷凍しておきましょう。食べるときはレンチンで完成!あとは、フルーツを組み合わせたり、副菜になる1品を添えるだけでOK。

Point 3

1歳〜1歳6カ月は、大人の食事に近いメニューを作って

1歳〜1歳6カ月になると、だんだん食べられる食材が増え、メニューも大人に近づいていきます。雑穀がゆから、軟飯に進みますが、かたさとしては、大人のご飯より、少し柔らかいぐらい。洋風メニューも楽しめるようになります。赤ちゃんも食事が楽しくなってくる頃です。例えば、チキンライスを赤ちゃんのためにまとめて作って冷凍しておき、オムライスやドリアなどにアレンジすれば、見た目もカラフルで楽しめますよ。

使用 卵 牛乳 小麦 大豆

にんじんパンがゆ

材料と作り方（6回分）

❶ にんじん50gは柔らかくゆで、みじん切りにする。食パン（8枚切り）3枚は耳を切り落とし、細かくちぎる。

❷ 鍋に食パン、湯で溶いた粉ミルク300㎖を入れて中火にかけ、沸騰したら弱火にし、10分ほど煮る。パンが水分を吸って柔らかくなったら、にんじんを加えてさっと混ぜる。

保存するなら

粗熱がとれたら、6等分ずつ小分けにして冷凍する。

＼ そのまま食べるときは ／

1回分を電子レンジで1分加熱し、解凍してから食べる。

Arrange
補完食

使用 卵 牛乳 小麦 大豆

にんじんパンがゆの
トマトのせ

材料と作り方（1回分）

❶ にんじんパンがゆフリージング1回分は電子レンジで1分、トマトフリージング（P136）20gは20秒加熱し、解凍する。

❷ 器ににんじんパンがゆを盛り、トマトをのせる。

Arrange
補完食

使用 卵 牛乳 小麦 大豆

にんじんパンがゆの
きな粉がけ

材料と作り方（1回分）

❶ にんじんパンがゆフリージング1回分は電子レンジで1分加熱し、解凍する。

❷ 器に❶を盛り、きな粉少々をふる。

使用 小麦　不使用 卵 牛乳 大豆

焼うどん

材料と作り方（6回分）

① ゆでうどん（無塩）2玉（360g）は柔らかくゆで、1cm長さに切る。豚もも薄切り肉4枚（90g）は細かく刻む。キャベツ60gは粗みじん切り、にんじん30gは3cm長さの細切りにする。

② フライパンにオリーブ油少々を中火で熱し、豚肉を入れて炒める。色が変わったら、キャベツ、にんじんを加えて炒め、だし汁大さじ4を加える。蓋をして弱火にし、野菜が柔らかくなるまで7〜8分蒸し煮にする。

③ ②にゆでうどんを加え、汁けがなくなるまで炒める。

保存するなら

粗熱がとれたら、6等分ずつ小分けにして冷凍する。

\ そのまま食べるときは /
1回分を電子レンジで3分加熱し、解凍してから食べる。

Arrange
補完食

使用 小麦　不使用 卵 牛乳 大豆

煮込みうどん

材料と作り方（1回分）

① 焼うどんフリージング1回分は耐熱ボウルに入れてラップをし、電子レンジで3分加熱し、解凍する。だし汁100mlを加えてふんわりとラップをし、さらに1分30秒加熱する。

② 器に①を盛り、細かくちぎった焼きのり少々をのせる。

Arrange
補完食

使用 牛乳 小麦　不使用 卵 大豆

チーズ焼うどん

材料と作り方（1回分）

① 焼うどんフリージング1回分は電子レンジで3分加熱し、解凍する。

② 耐熱皿に①を入れ、細かく切ったモッツァレラチーズ5gをのせ、オーブントースターで3〜4分焼く。

主食

1歳〜1歳6カ月／半調理／チキンライス

不使用 卵 牛乳 小麦 大豆

チキンライス

材料と作り方（6回分）
① 玉ねぎ60gは粗みじん切りにする。
② フライパンにオリーブ油小さじ½を中火で熱し、①を炒める。しんなりしたら鶏ひき肉120gを加えて炒め、色が変わったら雑穀軟飯（P63）540gを加えて炒める。トマトピューレ大さじ1½を加えてさっと混ぜる。

保存するなら
粗熱がとれたら、6等分ずつ小分けにして冷凍する。

＼ そのまま食べるときは ／
1回分を電子レンジで2分加熱し、解凍してから食べる。

Arrange
補完食

使用 牛乳 小麦 不使用 卵 大豆　パン粉の原料には大豆が含まれることがあります

ドリア

材料と作り方（1回分）
① チキンライスフリージング1回分は電子レンジで2分加熱して解凍し、グラタン皿に入れる。ホワイトソース（BF）大さじ2、パン粉・バター各少々をのせる。
② ブロッコリー10gは小さく切り分けて柔らかくゆで、①にのせる。オーブントースターで3〜4分焼く。

Arrange
補完食

使用 卵 牛乳 不使用 小麦 大豆

チキンライスの炒り卵のせ

材料と作り方（1回分）
① チキンライスフリージング1回分は電子レンジで2分加熱して解凍し、器に盛る。
② ボウルに溶き卵⅓個分、牛乳小さじ½を入れて混ぜ合わせる。フライパンにオリーブ油少々を中火で熱し、卵液を入れてヘラなどで混ぜながらしっかり火を通す。
③ ②を①にのせる。

市販のBFやレンチンで パパッ と作る
主食時短レシピ

食事を作る気力や体力が残っていない日には、時間をかけず、簡単に作れる
レシピがありがたい。市販品を活用したりと、上手に手を抜きながら進めましょう。

 卵 牛乳 小麦 大豆

和風オートミールがゆ

材料と作り方（1回分）
オートミール（BF/P28）大さじ1、だし汁大さじ1を混ぜ合
わせる。

memo
だし汁の代わりに、湯で溶いた粉ミルクや野菜スープ（BF）な
どで溶いて、アレンジしても。

だし汁と
混ぜるだけで
とにかく簡単

使用 牛乳 大豆 不使用 卵 小麦

コーンミルクがゆ

材料と作り方（1回分）
❶ 雑穀がゆ（P62）1回分は電子レンジで1分30秒加熱して
解凍する。
❷ 鍋に❶、湯で溶いた粉ミルク大さじ3を入れて中火にか
ける。沸騰したら弱火にし、とうもろこしフレーク（市販）
小さじ1を加えてさっと煮る。

memo
とうもろこしフレークが水分を吸うので、かたさに応じて湯で
溶いた粉ミルクの分量を調整しましょう。

甘味が人気の
コーンは
ビタミンが豊富

食物繊維が
豊富なさつまいもは
便秘に効果的

使用 大豆　不使用 卵 牛乳 小麦

鮭とさつまいものおかゆ

材料と作り方（1回分）
❶ 鮭フリージング（P110）⅛量は電子レンジで30秒、さつまいもフリージング（P134）15gは40秒加熱し、解凍する。
❷ 器にライスシリアル（BF）大さじ2、湯大さじ2を入れて溶き、混ぜ合わせた❶をのせる。

> **memo**
> さつまいもに含まれるビタミンCにより、鮭の鉄分の吸収がアップします。

ツナ缶を使って
たんぱく質を
手軽に摂取

使用 小麦　不使用 卵 牛乳 大豆

ツナとにんじんの
煮込みうどん

材料と作り方（1回分）
❶ うどんフリージング（P68）1回分は電子レンジで50秒加熱し、解凍する。ツナ水煮缶小さじ1は湯通しし、細かくつぶす。
❷ 耐熱ボウルに❶、にんじんフリージング（P132）10g、だし汁大さじ4、水溶き片栗粉少々を入れてふんわりとラップをし、電子レンジで2分加熱してよく混ぜる。

ブロッコリーで
ビタミンCが
しっかり摂れる

使用 牛乳 大豆　不使用 卵 小麦

鶏肉とブロッコリーの
オートミールがゆ

材料と作り方（1回分）
❶ オートミールがゆフリージング（P64）1回分は電子レンジで1分30秒、鶏肉フリージング（P104）⅛量は40秒加熱し、解凍する。ブロッコリー（穂先）10gは柔らかくゆで、みじん切りにする。
❷ ❶を混ぜ合わせる。

しいたけとまぐろの旨味で食べやすい

まぐろとしいたけの混ぜご飯

材料と作り方（1回分）

❶ しいたけ20gはみじん切りにし、耐熱ボウルに入れてラップをし、電子レンジで30秒加熱する。まぐろフリージング（P111）⅙量は電子レンジで30秒、雑穀がゆフリージング（P63）1回分は1分30秒加熱し、解凍する。

❷ ❶を混ぜ合わせる。

> **memo**
> しいたけは噛み切りにくいので、細かく切ってから与えるようにしましょう。

かぼちゃとトマトのチーズドリア

材料と作り方（1回分）

❶ かぼちゃフリージング（P131）20g、トマトフリージング（P137）20gは電子レンジで30秒、雑穀がゆフリージング（P63）1回分は2分加熱し、解凍する。モッツァレラチーズ10gは5mm角に切る。

❷ かぼちゃ、トマト、雑穀がゆを混ぜて耐熱皿に入れ、チーズをのせてオーブントースターで4〜5分焼く。

チーズと緑黄色野菜で栄養バランス◎

しらすの旨味がおいしい！カルシウムも豊富

しらすとほうれん草のシチューパスタ

材料と作り方（1回分）

❶ パスタフリージング（P71）1回分は電子レンジで2分加熱し、解凍する。

❷ 耐熱ボウルに❶、しらすフリージング（P115）10g、ほうれん草フリージング（P129）20g、牛乳大さじ2、水溶き片栗粉少々を入れ、ふんわりとラップをして電子レンジで1分30秒加熱し、全体をよく混ぜる。

納豆と一緒なら
ピーマンの苦味も
食べやすい

使用 大豆　不使用 卵 牛乳 小麦

納豆とピーマンの
チャーハン

材料と作り方（1回分）

❶ 長ねぎ10gはみじん切りにする。雑穀軟飯フリージング（P63）1回分は電子レンジで2分加熱し、解凍する。

❷ 耐熱ボウルに❶、ひきわり納豆大さじ1、ピーマンフリージング（P139）20g、ごま油小さじ¼を入れ、ラップをしないで電子レンジで1分30秒加熱し、よく混ぜる。

memo
ごま油を加えて加熱することで、風味よく仕上がり、味つけをしなくてもおいしいです。

不使用 卵 牛乳 小麦 大豆

豚肉とにんじんののり巻き

材料と作り方（1回分）

❶ 豚肉フリージング（P107）⅛量、にんじんフリージング（P133）10gは電子レンジで30秒加熱して解凍する。雑穀軟飯フリージング（P63）1回分は電子レンジで2分加熱し、解凍する。

❷ ❶の豚肉とにんじんに、かつお節少々をまぶす。

❸ 焼きのり½枚に雑穀軟飯を薄く広げ、❷をのせてくるくる巻き、食べやすく切る。

memo
焼きのりは上あごにつきやすいので、のりパンチやおろし金にのりを押しつけるなどして穴を開けると食べやすくなります。

一口サイズで
手づかみ食べに
ちょうどいい

column　1歳6ヵ月以降はこんな一品にしても

補完食の期間は控えたいバターロールですが、1歳6ヵ月以降は徐々に食べさせても大丈夫。手づかみで食べやすいように切って与えてみて。

使用 卵 牛乳 小麦 大豆

レバーペーストのサンドイッチ

材料と作り方（1回分）

❶ レバー（BF）小さじ½は、湯小さじ½で溶く。じゃがいも30gは一口大に切って耐熱ボウルに入れ、ふんわりとラップをして電子レンジで2分加熱し、つぶす。ブロッコリー5gは柔らかくゆで、小さめの小房に分ける。バターロール1個は切れ目を入れる。

❷ じゃがいも、レバー、コーン缶小さじ1、湯で溶いた粉ミルク大さじ⅓を混ぜ、バターロールに挟む。一緒にブロッコリーものせて挟み、食べやすく切る。

こんなとき、どうしたらいい？
便秘になったとき

うんちが硬くなって出にくくなる便秘。すっきりしないのはかわいそうですよね。
十分な量の食事と食物繊維なども補給して、便秘解消を目指しましょう。

どんな症状？

排便回数が少なく、うんちが硬いなどの症状

母乳やミルクだけのときはちゃんと出ていたのに、離乳食を始めたら便秘に……という赤ちゃんは多いようです。

便秘かどうかは、排便回数（週に2回以下）、うんちの硬さや量（コロコロや極々少量）、排便にかかる時間や様子（5分以上、おしりが切れて出血するなど）などで判断します。子どもの便秘は、痛みから逃れるために排便を我慢し、さらに便が硬くなって排便がつらくなり、我慢を繰り返すという悪循環におちいりがち。早い段階で気づいて解消するのが理想です。

夏場など、脱水が疑われる時は、水分補給も行いましょう。

何を食べさせる？

アルファベットのPのつく果物を食べさせましょう

便秘解消に役立つ食材は、Pのつく果物。Prune（プルーン）、Pear（梨）、Peach（桃）、Plum（すもも）などには、便秘薬にも利用されるソルビトールというソルビトールという糖質が含まれます。ほかには、apple（りんご）もおすすめ。ソルビトールに加え、食物繊維のペクチンも含まれます。

主食に雑穀を混ぜて食物繊維を摂り入れて

毎日の主食を雑穀ご飯に変えて、便秘解消に効果的な食物繊維をたっぷり補給しましょう。例えば、白米ご飯1膳の食物繊維は0.5gですが、もち麦ご飯にすると2.7gになります。ミネラルと食物繊維が一緒に増量できるアマランサスご飯、オートミールがゆなどもおすすめです。

便秘になったときにおすすめ! 補完食レシピ

ヨーグルトに
プルーンの甘さが
よく合う!

使用 牛乳　不使用 卵 小麦 大豆

プルーンヨーグルト

材料と作り方（1回分）
❶ ドライプルーン1個(10g)はみじん切りにし、無糖プレーンヨーグルト80gにトッピングする。

> 栄養memo
> 腸内環境を整えてくれる発酵食品のヨーグルトに、食物繊維が豊富なプルーンをトッピング。

不使用 卵 牛乳 小麦 大豆

わかめとオクラの雑穀がゆ

材料と作り方（1回分）
❶ 雑穀がゆフリージング(P63) 1回分は電子レンジで2分加熱し、解凍する。
❷ わかめ(乾燥)小さじ¼、オクラ1本(10g)は柔らかくゆで、粗みじん切りにする。
❸ 器に❶を盛り、❷をのせて、かつお節少々を粗く砕いてのせる。

> 栄養memo
> オクラのネバネバ成分には食物繊維が豊富に含まれます。さらに食物繊維が豊富な雑穀とわかめを組み合わせて。

かつお節を
トッピングして
風味をアップ

豆類の役割と栄養

補完食の

豆や豆腐、納豆などの大豆加工品は、私たちの食卓に欠かせない食材。
赤ちゃんの体づくりにも必要な栄養がたっぷりなので積極的に取り入れましょう。

豆類はたんぱく質と鉄と亜鉛とカルシウム、食物繊維の補給に

赤ちゃんに必要な4つの栄養素（P18-25）以外に欠かせないのが、たんぱく質。骨、筋肉、血液などの材料となり、赤ちゃんの体づくりに必須です。豆類や大豆加工品は、植物性たんぱく質が豊富に含まれているうえ、鉄、亜鉛、カルシウム、食物繊維も含まれているので、効率的に赤ちゃんに必要な栄養素を摂取することができます。

豆類は乾物から作ると時間と手間がかかるので、ドライパックや水煮を利用すると時短になります。6カ月頃の補完食はもったりとしたペースト状がベストなので、皮をむいてフードプロセッサーやハンドミキサーなどで撹拌するか、市販のペーストを利用するのが便利です。また、豆腐や納豆、きな粉、油揚げなどの大豆加工品は手軽に使えるのでおすすめです。

補完食のおすすめ豆類

皮をむいてから月齢ごとに食べやすく調理しましょう。豆の粒のままあげると誤嚥することがあるので、補完食の時期は、そのままあげないようにしましょう。

\ よく使う！/

グリーンピース・枝豆
鉄 亜

甘味があって柔らかく食べやすい

グリーンピースはえんどう豆、枝豆は大豆の赤ちゃんの豆の未熟豆。カロテノイドが多く含まれ、緑黄色野菜に分類されます。

大豆
鉄 亜

豆の中では脂質が多めで栄養価も高い

大豆は水煮缶を使うと便利。「畑の肉」と呼ばれるほど、肉や卵に負けないほどの良質たんぱく質が豊富。赤ちゃんの体づくりに有効です。

ひよこ豆
鉄 亜

ホクホクとした豆は栄養豊富

日本ではなじみのない豆ですが、栗に似た食感でホクホクとした味わい。葉酸が豊富で、赤ちゃんの成長をサポート。フムスを間食にしても。

あずき

鉄 亜

糖質が多くて食べやすい

あずきは炭水化物、ポリフェノール、食物繊維も豊富な小粒の豆。まとめてゆでておくのが◎。糖質が多いので甘味があり食べやすい食材です。

補完食のおすすめ大豆加工品

豆腐

木綿はカルシウムが豊富

大豆の栄養を丸ごと摂取。木綿より絹の方が口あたりがよく最初にあげるには与えやすく、絹より木綿の方がカルシウムが豊富に含まれます。

納豆

鉄 亜

発酵食品で腸を元気に

大豆を発酵させた納豆は、さらに栄養価がアップします。大豆よりも吸収率も上がるので、効率よく鉄、亜鉛を補給することができます。

きな粉

鉄 亜

大豆の栄養を手軽に

大豆を炒って粉末にしたきな粉は、大豆の栄養をすべて摂取できます。香ばしい風味で、トッピングや味の変化にも一役買います。

調理のコツ ▶▶▶ 補完食の豆類の扱い方のポイント

豆は皮をむいて刻む、フードプロセッサーでつぶす

豆の薄皮は、赤ちゃんの口の中に残り飲み込みにくく、消化しにくいので、薄皮を一粒ずつむきましょう。あとは、月齢に合わせてつぶしたり、刻むだけ。まとめて作るときは、フードプロセッサーを使うと簡単です。

memo

缶詰やピュレ状のものを利用するとさらに簡単!

乾燥の豆を戻してゆでたり、一粒ずつ薄皮をむくのは時間がかかるもの。ドライパックや水煮の缶詰、ピュレ状のものを利用すると簡単です。補完食作りが格段にラクになります。

枝豆フリージング

Arrange 補完食

柔らかくて
淡白なかぶが
枝豆とマッチ

使用 大豆 　**不使用** 卵　牛乳　小麦
枝豆とかぶのとろとろ

材料と作り方（1回分）
① 枝豆フリージング1回分は電子レンジで20秒加熱し、解凍する。かぶ¼個（20g）は柔らかくゆで、すりつぶす。
② 器に①を盛り合わせる。

枝豆（すりつぶし）

材料と作り方（6回分）
① ゆで枝豆60gは薄皮を取り除いて柔らかくゆで、すりつぶし、湯大さじ1½を加えてのばす。
② ①を6等分ずつ小分けにして冷凍する。

＼ そのまま食べるときは ／
1回分を電子レンジで20秒加熱し、解凍してから食べる。

Arrange 補完食

きな粉をかけて
たんぱく質や
食物繊維をプラス

使用 大豆 　**不使用** 卵　牛乳　小麦
枝豆とカリフラワーのきな粉和え

材料と作り方（1回分）
① 枝豆フリージング10gは電子レンジで20秒加熱し、解凍する。カリフラワー1房（15g）は柔らかくゆで、みじん切りにする。
② 器に①を盛り、きな粉少々をかける。

枝豆（ごくみじん切り）

材料と作り方（6回分）
① ゆで枝豆80gは薄皮を取り除いて柔らかくゆで、ごくみじん切りにする。
② ①を冷凍用保存袋に入れて平らにならし、袋の空気を抜いて冷凍する。

＼ そのまま食べるときは ／
1回分を電子レンジで20秒加熱し、解凍してから食べる。

良質なたんぱく質が含まれる枝豆は、ビタミン類やカロテノイド、食物繊維なども豊富で、
彩りもよい食材。赤ちゃんには薄皮を取り除いて、食べやすくしてから与えましょう。

9〜11カ月 ／フリージング／枝豆

Arrange 補完食

電子レンジで
作れる簡単
茶碗蒸し！

使用 卵 大豆 不使用 牛乳 小麦

枝豆とにんじんの茶碗蒸し

材料と作り方（1回分）
① 枝豆フリージング10g、にんじんフリージング
（P133）10gは電子レンジで30秒加熱し、解凍する。
② 耐熱の器に①、溶き卵大さじ1（15g）、だし汁小さじ4
を入れて混ぜ、ふんわりとラップをして電子レンジで
40〜50秒加熱する。

枝豆（みじん切り）

材料と作り方（6回分）
① ゆで枝豆100gは薄皮を取り除いて柔らかくゆで、み
じん切りにする。
② ①を冷凍用保存袋に入れて平らにならし、袋の空気を
抜いて冷凍する。

＼ そのまま食べるときは ／
1回分を電子レンジで40秒加熱し、解凍してから食べる。

1歳〜1歳6カ月 ／フリージング／枝豆

Arrange 補完食

魚が原料の
はんぺんは
たんぱく質が豊富

使用 卵 牛乳 小麦 大豆

枝豆とコーンの
はんぺんバーグ

材料と作り方（1回分）
① 枝豆フリージング10gは電子レンジで20秒加熱し、解
凍する。はんぺん30gはさっと湯通しして塩抜きする。
モッツァレラチーズ10gは5mm角に切る。
② ボウルにはんぺんを入れてつぶし、残りの①、コーン
缶小さじ1、片栗粉小さじ½を入れて混ぜる。3等分に
して丸く成形する。
③ フライパンにオリーブ油少々を熱し、②を両面焼く。

枝豆（粗みじん切り）

材料と作り方（6回分）
① ゆで枝豆120gは薄皮を取り除いて柔らかくゆで、粗
みじん切りにする。
② ①を冷凍用保存袋に入れて平らにならし、袋の空気を
抜いて冷凍する。

＼ そのまま食べるときは ／
1回分を電子レンジで40秒加熱し、解凍してから食べる。

大豆フリージング

大豆（すりつぶし）

材料と作り方（6回分）
1. 大豆（水煮）60gは薄皮をのぞいて柔らかくゆで、すりつぶし、湯大さじ1½でのばす。
2. 1を6等分ずつ小分けにして冷凍する。

\ そのまま食べるときは /

1回分を電子レンジで20秒加熱し、解凍してから食べる。

> Arrange
> 補完食

> ミネラルや鉄分をしっかり補給できる！

使用 大豆　不使用 卵 牛乳 小麦

大豆とほうれん草のとろとろ

材料と作り方（1回分）
1. 大豆フリージング1回分は電子レンジで20秒加熱し、解凍する。
2. 耐熱ボウルにほうれん草フリージング（P128）1回分、野菜スープ（BF）大さじ½、水溶き片栗粉少々を入れてふんわりとラップをし、電子レンジで30秒加熱し、よく混ぜる。
3. 器に1、2を盛り合わせる。

大豆（ごくみじん切り）

材料と作り方（6回分）
1. 大豆（水煮）80gは薄皮を取り除いて柔らかくゆで、ごくみじん切りにする。
2. 1を冷凍用保存袋に入れて平らにならし、袋の空気を抜いて冷凍する。

\ そのまま食べるときは /

1回分を電子レンジで20秒加熱し、解凍してから食べる。

> Arrange
> 補完食

> 野菜をたっぷり食べさせたいときにおすすめ

使用 大豆　不使用 卵 牛乳 小麦

大豆と野菜のトマトスープ

材料と作り方（1回分）
1. キャベツ10gはみじん切りにする。
2. 耐熱ボウルに1、大豆フリージング10g、トマトフリージング（P136）30g、パプリカフリージング（P138）10g、野菜スープ（BF）大さじ1を入れてふんわりとラップをし、電子レンジで2分加熱し、混ぜる。

豆類

大豆は「畑の肉」とも呼ばれているほど、植物性のたんぱく質が豊富な食材。
手軽に使える水煮の大豆を使用すれば、下ごしらえも簡単です。

9〜11カ月 ／フリージング／大豆

Arrange
補完食

栄養価の高い
アボカドは
赤ちゃんにも◎

使用 牛乳 大豆 不使用 卵 小麦

大豆のアボカド和え

材料と作り方（1回分）
❶ 大豆フリージング20gは電子レンジで30秒、にんじん
　フリージング（P133）10gは20秒加熱し、解凍する。
❷ ボウルにアボカド20gを入れてつぶす。❶、無糖プレー
　ンヨーグルト小さじ2を加え、さっと混ぜる。

大豆（みじん切り）

材料と作り方（6回分）
❶ 大豆（水煮）100gは薄皮を取り除いて柔らかくゆで、
　みじん切りにする。
❷ ❶を冷凍用保存袋に入れて平らにならし、袋の空気を
　抜いて冷凍する。

＼ そのまま食べるときは ／
1回分を電子レンジで40秒加熱し、解凍してから食べる。

1歳〜1歳6カ月 ／フリージング／大豆

Arrange
補完食

口に残るときは
とろみを
つけて！

使用 大豆 不使用 卵 牛乳 小麦

大豆とかぼちゃ、ひじきの煮物

材料と作り方（1回分）
❶ ひじき（戻したもの）小さじ¼は柔らかくゆで、粗みじ
　ん切りにする。
❷ 耐熱ボウルに❶、大豆フリージング15g、かぼちゃフ
　リージング（P131）30g、だし汁大さじ2を入れてラッ
　プをし、電子レンジで1分30秒加熱し、混ぜる。

大豆（粗みじん切り）

材料と作り方（6回分）
❶ 大豆（水煮）120gは薄皮を取り除いて柔らかくゆで、
　粗みじん切りにする。
❷ ❶を冷凍用保存袋に入れて平らにならし、袋の空気を
　抜いて冷凍する。

＼ そのまま食べるときは ／
1回分を電子レンジで40秒加熱し、解凍してから食べる。

ひよこ豆フリージング

Arrange
補完食

ひよこ豆で
トマトの酸味が
まろやかに

ひよこ豆（すりつぶし）

材料と作り方（6回分）
❶ ひよこ豆（水煮）60gは薄皮を取り除いて柔らかくゆで、すりつぶし、湯大さじ1½でのばす。
❷ ❶を6等分ずつ小分けにして冷凍する。

＼ そのまま食べるときは ／
1回分を電子レンジで20秒加熱し、解凍してから食べる。

不使用 卵 牛乳 小麦 大豆

ひよこ豆のトマト和え

材料と作り方（1回分）
❶ ひよこ豆フリージング1回分、トマトフリージング（P136）1回分は電子レンジで20秒加熱し、解凍する。
❷ 器に❶を盛り合わせる。

Arrange
補完食

柔らかくゆでた
大根は甘くて
おいしい♪

ひよこ豆（ごくみじん切り）

材料と作り方（6回分）
❶ ひよこ豆（水煮）80gは薄皮を取り除いて柔らかくゆで、ごくみじん切りにする。
❷ ❶を冷凍用保存袋に入れて平らにならし、袋の空気を抜いて冷凍する。

＼ そのまま食べるときは ／
1回分を電子レンジで20秒加熱し、解凍してから食べる。

不使用 卵 牛乳 小麦 大豆

ひよこ豆と大根のとろみ煮

材料と作り方（1回分）
❶ 大根20gは柔らかくゆで、みじん切りにする。
❷ 耐熱ボウルに❶、ひよこ豆フリージング20g、だし汁大さじ2、水溶き片栗粉少々を入れてふんわりとラップをし、電子レンジで1分加熱し、よく混ぜる。

豆類

クセの少ないひよこ豆は、赤ちゃんにも食べやすく、市販の水煮を使えば手軽です。
植物性のたんぱく質が豊富で、ビタミン、食物繊維なども多く含まれます。

Arrange
補完食

カラフルな
彩りで
食欲をそそる

使用 牛乳 小麦 ｜不使用｜ 卵 大豆

ひよこ豆とキャベツのシチュー

材料と作り方（1回分）
❶ キャベツ（葉先）¼枚（10g）は3〜4mm角に切る。玉ねぎ10gは2cm長さの薄切りにする。
❷ 耐熱ボウルに❶、ひよこ豆フリージング10g、パプリカフリージング（P139）10g、水大さじ2を入れてラップをし、電子レンジで1分30秒加熱する。柔らかくなったらホワイトソース（BF）大さじ2を加えてさっと混ぜ、さらに30秒加熱する。

ひよこ豆（みじん切り）

材料と作り方（6回分）
❶ ひよこ豆（水煮）100gは薄皮を取り除いて柔らかくゆで、みじん切りにする。
❷ ❶を冷凍用保存袋に入れて平らにならし、袋の空気を抜いて冷凍する。

＼ そのまま食べるときは ／
1回分を電子レンジで40秒加熱し、解凍してから食べる。

Arrange
補完食

口に残るときは
とろみを
アップさせて

｜不使用｜ 卵 牛乳 小麦 大豆

ひよこ豆とブロッコリーのカレー煮

材料と作り方（1回分）
❶ ブロッコリー10gは柔らかくゆで、小さめの小房に分ける。玉ねぎ10gは2cm長さの薄切り、じゃがいも20gは1cm角に切る。
❷ 耐熱ボウルに❶、ひよこ豆フリージング15g、野菜スープ（BF）大さじ3、カレー粉少々、トマトピューレ小さじ2を入れ、ふんわりとラップをして電子レンジで2分30秒加熱し、混ぜる。

ひよこ豆（粗みじん切り）

材料と作り方（6回分）
❶ ひよこ豆（水煮）120gは薄皮を取り除いて柔らかくゆで、粗みじん切りにする。
❷ ❶を冷凍用保存袋に入れて平らにならし、袋の空気を抜いて冷凍する。

＼ そのまま食べるときは ／
1回分を電子レンジで40秒加熱し、解凍してから食べる。

グリーンピースフリージング

Arrange 補完食

さつまいもの甘味で赤ちゃんが喜ぶ味！

使用 牛乳 大豆 ／ 不使用 卵 小麦

グリーンピースとさつまいものマッシュ

材料と作り方（1回分）
① グリーンピースフリージング1回分、さつまいもフリージング（P134）1回分は電子レンジでそれぞれ20秒ずつ加熱し、湯で溶いた粉ミルク適量でのばす。
② 器にグリーンピース、さつまいもを順に盛る。

グリーンピース（すりつぶし）

材料と作り方（6回分）
① グリーンピース（水煮）60gは薄皮を取り除いて柔らかくゆで、すりつぶし、湯大さじ1½でのばす。
② ①を6等分ずつ小分けにして冷凍する。

＼ そのまま食べるときは ／
1回分を電子レンジで20秒加熱し、解凍してから食べる。

Arrange 補完食

チーズで和えてカルシウムを手軽に補給

使用 牛乳 ／ 不使用 卵 小麦 大豆

グリーンピースとじゃがいものチーズ和え

材料と作り方（1回分）
① グリーンピースフリージング10gは電子レンジで30秒加熱し、解凍する。じゃがいも20gは5mm角に切って水にさらし、耐熱ボウルに入れて水小さじ1を回しかけ、ふんわりとラップをして電子レンジで2分加熱する。
② ボウルにグリーンピース、水けをきったじゃがいも、カッテージチーズ小さじ1を入れ、和える。

グリーンピース（ごくみじん切り）

材料と作り方（6回分）
① グリーンピース（水煮）80gは薄皮をのぞいて柔らかくゆで、ごくみじん切りにする。
② ①を冷凍用保存袋に入れて平らにならし、袋の空気を抜いて冷凍する。

＼ そのまま食べるときは ／
1回分を電子レンジで20秒加熱し、解凍してから食べる。

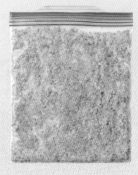

植物性のたんぱく質や食物繊維、ビタミン類が豊富なグリーンピース。優しい緑で彩りがいいのも嬉しい。薄皮がついているので赤ちゃんには取り除いて与えましょう。

豆類

9〜11カ月 ／フリージング／グリーンピース

Arrange 補完食

小さく切った豆腐の食感がアクセント！

使用 牛乳 大豆 ／ 不使用 卵 小麦

グリーンピースと豆腐のコーンスープ

材料と作り方（1回分）
① 絹ごし豆腐10gは7mm角に切る。
② 耐熱ボウルに①、グリーンピースフリージング15g、コーンクリーム缶大さじ2、湯で溶いた粉ミルク大さじ2を入れてさっと混ぜ、ふんわりとラップをして電子レンジで1分30加熱する。

グリーンピース（みじん切り）

材料と作り方（6回分）
① グリーンピース（水煮）100gは薄皮を取り除いて柔らかくゆで、みじん切りにする。
② ①を冷凍用保存袋に入れて平らにならし、袋の空気を抜いて冷凍する。

＼ そのまま食べるときは ／
1回分を電子レンジで40秒加熱し、解凍してから食べる。

1歳〜1歳6カ月 ／フリージング／グリーンピース

Arrange 補完食

緑黄色野菜を豊富に使ったカラフルオムレツ

使用 卵 牛乳 大豆 ／ 不使用 小麦

グリーンピースと野菜のオムレツ

材料と作り方（1回分）
① グリーンピースフリージング10g、にんじんフリージング（P133）5g、ほうれん草フリージング（P129）5gは電子レンジで50秒加熱し、解凍する。にんじんは粗く刻む。
② ボウルに卵⅗個（36g）を溶きほぐし、湯で溶いた粉ミルク小さじ1を入れて混ぜ、①を加えてさっと混ぜる。
③ フライパンにバター少々を中火で熱し、②を流し入れる。ヘラで混ぜながらオムレツ型にまとめ、しっかり火を通す。

グリーンピース（粗みじん切り）

材料と作り方（6回分）
① グリーンピース（水煮）120gは薄皮を取り除いて柔らかくゆで、粗みじん切りにする。
② ①を冷凍用保存袋に入れて平らにならし、袋の空気を抜いて冷凍する。

＼ そのまま食べるときは ／
1回分を電子レンジで40秒加熱し、解凍してから食べる。

豆類

豆類の
まとめて半調理
フリージング＆アレンジレシピ

豆類の半調理フリージングは、そのままレンチンして食べれば副菜に！
ご飯や、うどんなどの主食に混ぜてアレンジしてもOKと、幅広く楽しめます。

Point 1

Point 2

Point 3

7〜8カ月は、野菜と豆のまとめ煮を作ってアレンジを

9〜11カ月は、粗みじん切りの豆と野菜の煮物が◎

1歳〜1歳6カ月は、豆と海藻を取り入れ定番のお惣菜を

　7〜8カ月頃は、食材は2mm角ぐらいのみじん切りにしますが、多めにみじん切りにして、組み合わせてまとめて煮ておけば、食べさせるときは簡単！食材をみじん切りにするのが面倒と感じるなら、フードプロセッサーを活用すると簡単にできます。7〜8カ月はとろみのある補完食が好ましいので、最後に水溶き片栗粉でとろみをつけておくのもポイント。食べさせるときは、そのままでもいいですし、あんかけとして使ってもOKです。

　複数の食材を組み合わせられるようになる9〜11カ月は、豆と2種の野菜をまとめて煮て、冷凍しましょう。切り方も5mm角程度の粗みじん切りでOKなので、パパッと刻んで一緒に煮るだけ。豆は鉄や亜鉛を多く含むので、ビタミンAやCの多い野菜と一緒に煮ておくことで、赤ちゃんに必要な栄養が摂れる一品に。ビタミンDの多い卵やしらす、魚などの補完食と組み合わせると栄養バランスも摂れて、献立にも悩みません。

　大人の食事に近づく、1歳〜1歳6カ月のころには、和のお惣菜をまとめ煮しておくのもおすすめ。この頃になると、噛む力もついてきているので、豆と海藻のお惣菜を作っておきましょう。まだ噛むことが難しく、口の中に残りがちの子は、とろみをつけてあげても〇K。だし汁と大豆、ひじきの素材の旨味を味わえます。ひじきの煮物は、卵に混ぜて焼けば卵焼きに、ご飯に加えれば混ぜご飯にと、アレンジが効くのでストックしておくと便利です。

豆類

7〜8カ月
／半調理／枝豆となす、トマトのまとめ煮

使用 大豆 不使用 卵 牛乳 小麦

枝豆となす、トマトのまとめ煮

材料と作り方（6回分）

❶ ゆで枝豆120gは薄皮を取り除き、ごくみじん切りにする。なす⅔本（60g）は皮をむいてみじん切りにし、水にさらす。トマト½個（100g）は湯むきして種を取り除き、みじん切りにする。

❷ 鍋にだし汁150mlを入れて沸かし、❶を加えて蓋をし、柔らかくなるまで15分ほど煮る。水溶き片栗粉適量を加え、とろみをつける。

保存するなら

粗熱がとれたら、6等分ずつ小分けにして冷凍する。

＼そのまま食べるときは／

1回分を電子レンジで1分30秒加熱し、解凍してから食べる。

Arrange
補完食

使用 小麦 大豆 不使用 卵 牛乳

枝豆と野菜のあんかけうどん

材料と作り方（1回分）

❶ 枝豆となす、トマトのまとめ煮フリージング1回分は電子レンジで1分30秒、うどんフリージング（P68）1回分は1分加熱し、解凍する。

❷ 器にうどんを盛り、枝豆となす、トマトのまとめ煮をかける。

Arrange
補完食

使用 大豆 不使用 卵 牛乳 小麦

豆腐のせ

材料と作り方（1回分）

❶ 絹ごし豆腐20gは耐熱皿に入れてふんわりとラップをし、電子レンジで20秒加熱し、すりつぶす。

❷ 枝豆となす、トマトのまとめ煮フリージング1回分は電子レンジで1分30秒加熱して解凍する。

❸ 器に❷を盛り、❶をのせ、細かく砕いたかつお節少々をふる。

不使用 卵 牛乳 小麦 大豆

ひよこ豆、かぶ、ブロッコリーのまとめ煮

材料と作り方（6回分）

1. ひよこ豆（水煮）150gは薄皮を取り除き、みじん切りにする。かぶ2個（100g）、ブロッコリー⅓個（100g）は粗みじん切りにする。
2. 鍋に水300㎖を沸かして①を入れ、蓋をして弱火で15分ほど煮る。

保存するなら
粗熱がとれたら、6等分ずつ小分けにして冷凍する。

＼ そのまま食べるときは ／
1回分を電子レンジで1分30秒加熱し、解凍してから食べる。

Arrange
補完食

使用 大豆　不使用 卵 牛乳 小麦

ひよこ豆と豆腐の落とし焼き

材料と作り方（1回分）

1. ひよこ豆、かぶ、ブロッコリーのまとめ煮フリージング1回分は電子レンジで1分30秒加熱し、解凍する。
2. ボウルに木綿豆腐30gを入れてスプーンなどでつぶし、①、片栗粉小さじ1を加えて混ぜる。
3. フライパンにごま油少々を中火で熱し、②を一口大ずつ落とし入れ、両面を焼く。

Arrange
補完食

使用 牛乳 大豆　不使用 卵 小麦

ひよこ豆のシチュー

材料と作り方（1回分）

1. ひよこ豆、かぶ、ブロッコリーのまとめ煮フリージング1回分は電子レンジで1分30秒加熱し、解凍する。
2. 耐熱ボウルに①、湯で溶いた粉ミルク大さじ2、水大さじ1、水溶き片栗粉少々を入れてふんわりとラップをし、1分30秒加熱し、よく混ぜる。

使用 **大豆** 不使用 卵 牛乳 小麦

大豆とひじきの煮物

材料と作り方（6回分）
1. 大豆（水煮）200gは薄皮を取り除き、粗みじん切りにする。ひじき大さじ2（10g）は水で戻し、粗みじん切りにする。にんじん60gは3〜4cm長さの細切りにする。
2. 鍋にだし汁300mlを沸かして❶を入れ、蓋をして弱火にし、柔らかくなるまで15分ほど煮る。

保存するなら
粗熱がとれたら、6等分ずつ小分けにして冷凍する。

＼ そのまま食べるときは ／
1回分を電子レンジで1分30秒加熱し、解凍してから食べる。

Arrange 補完食

使用 **卵 大豆** 不使用 牛乳 小麦

大豆とひじきの卵焼き

材料と作り方（1回分）
1. 大豆とひじきの煮物フリージング½回分は電子レンジで2分加熱し、解凍する。
2. ボウルに卵⅔個（36g）を溶きほぐし、汁けをきった❶を加え、混ぜる。
3. フライパンにオリーブ油少々を中火で熱し、❷を流し入れ、オムレツ状になるように形を作り、しっかり火を通す。食べやすい大きさに切る。

Arrange 補完食

使用 **大豆** 不使用 卵 牛乳 小麦

大豆とひじきの混ぜご飯

材料と作り方（1回分）
1. 大豆とひじきの煮物フリージング½回分は電子レンジで2分、雑穀軟飯フリージング（P63）1回分は3分加熱し、解凍する。
2. 大豆とひじきの煮物の汁けをきり、雑穀軟飯と混ぜる。

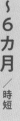
市販のBFやレンチンで パパッ と作る
豆類 時短レシピ

豆類は栄養バランスがいいから、積極的に取り入れたいけれど、レパートリーが思いつかない…という人も多いのでは？ 手軽に作れる時短レシピをマスターしましょう。

使用 牛乳 不使用 卵 小麦 大豆

グリーンピースピューレの ヨーグルトのせ

材料と作り方（1回分）
器にグリーンピースピューレ（BF）小さじ2を盛り、無糖プレーンヨーグルト小さじ1をトッピングする。

memo
グリーンピースはたんぱく質や食物繊維が豊富な食材。発酵食品のヨーグルトと合わせれば、便秘予防に効果的です。

市販のピューレに
ヨーグルトを
のせるだけ！

使用 小麦 大豆 不使用 卵 牛乳

大豆とお麩のとろとろ

材料と作り方（1回分）
❶ 小町麩1個はすりおろす。
❷ 耐熱ボウルに❶、大豆フリージング（P86）1回分、だし汁小さじ1を入れてふんわりとラップをし、電子レンジで20秒加熱し、混ぜる。

memo
麩はたんぱく質が豊富な食材。すりおろして加熱すると、とろとろになって食べやすく、離乳食にぴったりです。

保存がきく
お麩は常備して
おくと便利

7〜8カ月／時短

フリージングと
市販のピューレで
パパッと完成

不使用 卵 牛乳 小麦 大豆

さつまいもの
グリーンピースピューレがけ

材料と作り方（1回分）
① さつまいもフリージング（P134）20gは電子レンジで30秒加熱して解凍する。
② 器に①を盛り、グリーンピースピューレ（BF）大さじ1をかける。

memo
豆類は下ごしらえが大変なものが多いので、市販品も上手く活用しながら作ると便利です。

カロテノイド豊富な
にんじんで
免疫力をアップ

使用 大豆 不使用 卵 牛乳 小麦

大豆とにんじんの
オレンジジュース煮

材料と作り方（1回分）
耐熱ボウルに大豆フリージング（P86）15g、にんじんフリージング（P132）10g、オレンジジュース（BF）大さじ½を入れ、ふんわりとラップをして電子レンジで1分加熱し、混ぜる。

memo
オレンジジュースの代わりに、無塩のトマトジュースで煮てもおいしく作れるのでおすすめです。

発酵食品の
ヨーグルトで
便秘改善

使用 牛乳 不使用 卵 小麦 大豆

ひよこ豆とかぼちゃの
ヨーグルトサラダ

材料と作り方（1回分）
① ひよこ豆フリージング（P88）15g、かぼちゃフリージング（P130）10gは電子レンジで30秒加熱し、解凍する。
② ボウルに①、無糖プレーンヨーグルト小さじ2を入れ、和える。

動物性と植物性の
たんぱく質を
バランスよく摂取

豆類

9〜11カ月／時短

不使用 卵 牛乳 小麦 大豆

ささみとブロッコリーの
グリーンピース和え

材料と作り方（1回分）
❶ 鶏ささみ15gは薄切りにして柔らかくゆで、2〜3mm角
　に細かく刻む。ブロッコリー20gは小房に分けて柔らか
　くゆで、粗みじん切りにする。
❷ ボウルに❶、グリーンピースピューレ(BF)大さじ½、白
　すりごま小さじ½を入れ、和える。

memo
鶏ささみは、繊維を断つように薄切りにしてから刻みましょう。
柔らかくなるので、食べやすいです。

さやいんげんで
彩りと栄養を
プラスして

不使用 卵 牛乳 小麦 大豆

ひよこ豆とまぐろの
トマト煮

材料と作り方（1回分）
❶ さやいんげん2本は柔らかくゆで、みじん切りにする。
❷ 耐熱ボウルに❶、ひよこ豆フリージング(P89) 20g、ま
　ぐろフリージング(P111)⅛量、トマトジュース(無塩)大さ
　じ1、水大さじ1を入れてふんわりとラップをし、電子レン
　ジで1分30秒加熱し、混ぜる。

memo
補完食の期間に使うトマトジュースは、必ず塩分が入っていな
いものを使いましょう。

蒸し器がなくても
電子レンジで
おいしく一品

使用 卵 不使用 牛乳 小麦 大豆

グリーンピースときのこの
レンジ茶碗蒸し

材料と作り方（1回分）
❶ グリーンピースフリージング(P91) 10gは電子レンジで
　30秒加熱し、解凍する。しめじ10gはみじん切りにする。
❷ 耐熱の器に❶、溶き卵大さじ1（15g）、だし汁小さじ4
　を入れて混ぜ、ふんわりとラップをして電子レンジで40
　〜50秒加熱する。

98

肉と野菜を
バランスよく
食べられる

使用 牛乳 小麦 大豆　不使用 卵

グリーンピースピューレの
パスタ

材料と作り方（1回分）

❶ 鶏肉フリージング（P105）⅛量は電子レンジで20秒、パスタフリージング（P71）1回分は1分30秒、パプリカフリージング（P139）20gは20秒、ほうれん草フリージング（P129）10gは10秒加熱し、解凍する。

❷ ボウルに❶、グリーンピースピューレ（BF）大さじ3、湯で溶いた粉ミルク大さじ1を入れて和える。

ホワイトソースは
BFを使って
簡単に！

使用 牛乳 小麦 大豆　不使用 卵

鮭と大豆のクリーム煮

材料と作り方（1回分）

❶ 玉ねぎ10gは粗みじん切りにする。

❷ 耐熱ボウルに❶、鮭フリージング（P111）⅛量、大豆フリージング（P87）20g、ホワイトソース（BF）大さじ2を入れてふんわりとラップをし、電子レンジで2分加熱し、混ぜる。

> **memo**
> 鮭と大豆でたんぱく質がしっかり摂れるメニューです。ほうれん草などの野菜をプラスしてもOK。

ビタミン
豊富な豚肉で
免疫力をアップ！

使用 卵 牛乳 小麦　不使用 大豆　パン粉の原料には大豆が含まれることがあります

豚肉とグリーンピースの
ミートボール

材料と作り方（1回分）

❶ グリーンピースフリージング（P91）10gは電子レンジで20秒加熱し、解凍する。玉ねぎ5gはみじん切りにする。ブロッコリー10gは柔らかくゆでて小房に分ける

❷ ボウルにブロッコリー以外の❶、豚ひき肉20g、パン粉小さじ1、溶き卵小さじ½を入れて練り混ぜ、2等分にして丸める。

❸ 耐熱皿に❷をのせ、ふんわりとラップをして電子レンジで2分加熱する。器に盛り、ブロッコリーを添える。

こんなとき、どうしたらいい？
風邪をひいたとき

風邪に限らず、病気になると食欲が低下して離乳食が中断しやすくなります。
水分補給は必須ですが、食事は赤ちゃんの食欲に合わせてOK。食べやすいものを用意しましょう。

どんな症状？

熱、咳、鼻水……元気がないときは受診を

大人と同じように子どもも風邪をひくと熱が出たり、咳や鼻水が出たりします。熱があっても水分補給が十分にできていて元気であれば様子を見てもよいですが、ぐったりとしていてしんどそうなときや、夜眠れないときなどは小児科を受診しましょう。生後3カ月未満の赤ちゃんは元気のあるなしにかかわらず、発熱したときは必ず受診するようにしましょう。

また、発熱しているときは食欲が低下することが多い一方で、水分の必要量は増加します。食事量が減ると、水分不足になりやすいのでいつもより多めに水分補給するように心がけることが大切です。

何を食べさせる？

食べられるものを食べられるだけでOK

食欲が低下すると、一度に食べられる量が減るので、その分、食事回数を増やしましょう。食べられるものを食べれば大丈夫。柔らかいもの、好きな食べ物を用意して。食欲がある場合は、病気だからとあえて食事を減らさず、具合がよくなったら、食事の量や回数を増やして栄養補給しましょう。

糖質を中心に、野菜、たんぱく質も取り入れて

風邪をひいているときは、体を治すためのエネルギーが必要です。エネルギーにすぐ変わる糖質中心の栄養補給を心がけましょう。エネルギー源になる主食に、柔らかく煮た野菜、卵や豆腐のような消化しやすいたんぱく質源を組み合わせて。野菜は少量でもビタミンAがとれる緑黄色野菜を選びましょう。

100

風邪を引いたときにおすすめ! 補完食レシピ

栄養たっぷり♪
食欲がなくても
食べやすい!

使用 卵 不使用 牛乳 小麦 大豆

卵とにんじんの雑炊

材料と作り方（1回分）

❶ 雑穀がゆ フリージング（P63）1回分は電子レンジで2分加熱し、解凍する。

❷ 鍋に❶、だし汁大さじ3、にんじんフリージング（P133）20gを入れて弱火にかける。沸騰したら溶き卵大さじ1を回し入れ、しっかり火を通す。

> **栄養memo**
> 卵はビタミンC以外の栄養素を含んで栄養満点。ビタミンやミネラル豊富な雑穀がゆと組み合わせて、栄養チャージ。

使用 大豆 不使用 卵 牛乳 小麦　みその原料には小麦が含まれることもあります

豆腐とかぼちゃのみそ汁

材料と作り方（1回分）

❶ 絹ごし豆腐20gは7mm角に切る。

❷ 鍋にだし汁100mlを入れて沸かし、かぼちゃフリージング（P131）20g、❶を加えて蓋をし、弱火で2～3分煮る。柔らかくなったらみそ少々を溶き入れる

> **栄養memo**
> ビタミン類が豊富なかぼちゃは免疫力アップに効果的。たんぱく質が摂れる豆腐は、消化がいいから負担が少なく◎。

かぼちゃの
やさしい甘味で
ほっとする!

肉・魚の役割と栄養

動物性の良質たんぱく質を豊富に含む肉と魚は、赤ちゃんに必要な栄養素が
たっぷり含まれる優秀食材。6カ月から少しずつ取り入れていくといいでしょう。

肉は鉄と亜鉛、魚はビタミンDとDHAが豊富

肉と魚は、必須アミノ酸すべてを含む良質たんぱく質が豊富。たんぱく質は、赤ちゃんの骨、筋肉、血液など体をつくる材料なので、不足することなく摂取しましょう。また、赤身の肉やレバーには、鉄と亜鉛が含まれています。特に鉄は体内に吸収されやすいヘム鉄という形で存在するため、6カ月から少しずつ食べさせていきます。

ただし、レバーはビタミンAそのもののレチノールが多く過剰摂取になる可能性があるため、週に1回にするなど、続けて食べすぎないように気をつけて。

骨を強くするビタミンDは魚に多く含まれ、しらすや鮭、青背魚が代表的な食材です。中でも骨ごと食べられるしらすは、カルシウムとビタミンDを一緒に摂取できる優秀食材の一つです。また、青背魚には、赤ちゃんの成長をサポートするDHAが多いため積極的に取り入れましょう。

補完食のおすすめ肉・魚

補完食では6カ月頃から肉、魚を取り入れていきます。
選ぶときは、なるべく筋や脂身のないものを選ぶようにしましょう。

\\ おすすめ //

鶏肉
鉄 亜

**柔らかくて口あたりが
いいから食べやすい**

鶏肉の中では、動物性たんぱく質をはじめ、脂質、ビタミンA、鉄、亜鉛などを多く含むので、不足しがちなエネルギーと栄養素をバランスよく補充できます。皮と筋は取って。

豚肉
鉄 亜

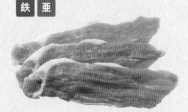

**ビタミンB₁が豊富で
エネルギー代謝をアップ**

エネルギーを生み出すために必要なビタミンB₁が豊富に含まれているのが豚肉。調理の際は脂肪の部分は取り除いて。鉄、亜鉛の補充には赤身が多い肩ロースやヒレ肉を。

牛肉
鉄 亜

**牛の赤身肉には
鉄と亜鉛が豊富**

牛の赤身肉は鶏もも肉や豚赤身肉よりも鉄や亜鉛が多く含まれています。また、アラキドン酸という体内で作られない脳の発育に大切な必須脂肪酸も含まれるので積極的に。

生後6カ月から肉はOK?

肉は動物の筋肉。人の筋肉のたんぱく質構造が似ているので、敵や異物とは認識されにくく、アレルギーを起こしにくい食材です（P53参照）。また、ミンチやペースト状にすることで消化もしやすくなります。皮や筋、明らかに脂肪の部分は取り除き、ひき肉はより赤いものを。選んだ肉をひき肉にしてくれるお店もあります。

レバー

鉄 亜 ビタミンA

P27の市販品を利用しても◎

鉄、亜鉛、ビタミンAの宝庫

レバーは赤ちゃんに必要な栄養がもっとも豊富な食材。ただし、ビタミンAがとても多いので、過剰摂取に要注意。週に1回を目安に。

あじ・いわし

鉄 亜 ビタミンD

小骨に注意してあげましょう

青背魚には良質たんぱく質、鉄、亜鉛、ビタミンD、DHAと必要な栄養がバランスよく含まれます。ただし小骨が多いからよく取り除いて。

まぐろ・鮭

鉄 亜 ビタミンD

赤い色の魚は栄養が豊富

まぐろは赤身魚で、鉄とビタミンDが豊富。鮭はビタミンDが豊富ですが、赤い色はアスタキサンチンという抗酸化成分で、白身魚です。塩鮭は塩分が多いので生鮭を使用して。

しらす

鉄 亜 ビタミンD ビタミンA

小魚の栄養を丸ごと摂取

実はしらすは、いわしの赤ちゃんって知っていましたか？　丸ごと食べられるので、カルシウムとビタミンDを同時に摂取でき、骨の強化に。塩抜きを忘れずにしましょう。

魚の水煮缶とアレルギー

さばや鮭、ツナなどの魚の水煮缶は、60分以上加熱殺菌して作られているので、アレルゲン性が低下するといわれています。長時間に渡り加熱をすることで、魚の構造がバラバラになり、敵だと勘違いしにくい状態になるのです（P53参照）。ただし、缶詰の中には塩分が多く含まれているものがあるので表記をよく見て購入を。

調理のポイント ››› とくに肉を扱うときは衛生面の徹底を!

使いすてのビニール手袋をつけること

肉の調理中は必ず手袋を。子どもが泣いたときでも、手袋を取ればすぐに駆けつけられます。

火はしっかり通すこと

肉は中まで火をしっかり通すこと。肉の中心温度が75℃で1分以上になるまで加熱できれば安心。心配な人は温度計を。

注意 手は必ず洗うこと!

生肉を直接触った後は、手を必ずよく洗うこと。手を洗わないまま、様々なものを触らないようにしましょう。

- 肉を扱った手で蛇口を触らない
- 肉を扱った手を布巾で拭かない

生肉を扱った手についた菌は、鼻や蛇口、布巾、調理器具などを介して移り、食中毒を起こす可能性も。調理後は、手や調理器具の念入りな洗浄・消毒が必須です。

鶏肉フリージング

Arrange 補完食

フリージングの食材を組み合わせて簡単調理♪

鶏もも肉（すりつぶし）

材料と作り方（6回分）

❶ 鶏もも肉⅛枚（30g）は脂身や皮を取り除いて薄切りにし、ゆでてからすりつぶし、ゆで汁小さじ1を加えてのばす。

❷ ❶の粗熱がとれたら、6等分ずつ小分けにして冷凍する。

\ そのまま食べるときは /
1回分を電子レンジで30秒加熱し、解凍してから食べる。

不使用 卵 牛乳 小麦 大豆

鶏肉のトマトソース

材料と作り方（1回分）

❶ 鶏もも肉フリージング1回分、トマトフリージング（P136）1回分はそれぞれ電子レンジで30秒加熱し、解凍する。

❷ 器に❶を盛り合わせる。

Arrange 補完食

食べやすい＆消化しやすいようになすは皮をむいて

鶏もも肉（みじん切り）

材料と作り方（6回分）

❶ 鶏もも肉¼枚（60g）は脂身や皮を取り除いて薄切りにし、ゆでてからみじん切りにする。

❷ ❶の粗熱がとれたら、冷凍用保存袋に入れて平らにならし、袋の空気を抜いて冷凍する。

\ そのまま食べるときは /
1回分を電子レンジで30秒加熱し、解凍してから食べる。

使用 小麦　不使用 卵 牛乳 大豆

鶏肉となすのとろとろ煮

材料と作り方（1回分）

❶ なす⅓本（30g）は皮をむいて2〜3mm角に切り、水にさらす。小町麩1個はすりおろす。

❷ 耐熱ボウルに❶、鶏もも肉フリージング⅙量、だし汁大さじ1、水溶き片栗粉少々を加えて混ぜ、ふんわりとラップをして電子レンジで50秒加熱し、混ぜる。

たんぱく質をはじめ、ビタミンなどの栄養をバランスよく含む鶏肉は、クセが少なく
食べやすい食材。赤ちゃんには余分な脂肪や皮を取り除いてから使いましょう。

9〜11カ月 ／フリージング／鶏肉

Arrange 補完食

ほうれん草を
混ぜ込んで
栄養アップ！

使用 小麦 大豆 ／ 不使用 卵 牛乳

鶏肉と豆腐のおやき

材料と作り方（1回分）
❶ 鶏もも肉フリージング⅙量は電子レンジで30秒、ほう
れん草フリージング（P129）20gは20秒加熱し、解凍
する。小町麸2個はすりおろす。
❷ ボウルに絹ごし豆腐20gを入れてスプーンなどでつぶ
し、❶、片栗粉小さじ½を加えて混ぜる。
❸ フライパンにオリーブ油少々を中火で熱し、❷を⅓量
ずつスプーンで落とし入れ、両面を焼く。

鶏もも肉（粗みじん切り）

材料と作り方（6回分）
❶ 鶏もも肉⅓枚（90g）は脂身や皮を取り除いて薄切りに
し、ゆでてから粗みじん切りにする。
❷ ❶の粗熱がとれたら、冷凍用保存袋に入れて平らにな
らし、袋の空気を抜いて冷凍する。

\ そのまま食べるときは /
1回分を電子レンジで30秒加熱し、解凍してから食べる。

1歳〜1歳6カ月 ／フリージング／鶏肉

Arrange 補完食

ビタミンや
ミネラル豊富な
ごまを使って

使用 牛乳 ／ 不使用 卵 小麦 大豆

鶏肉とブロッコリーの ごま炒め

材料と作り方（1回分）
❶ 鶏もも肉フリージング⅙量は電子レンジで30秒加熱し、
解凍する。ブロッコリー30gは柔らかくゆで、小さく
分ける。
❷ フライパンにバター少々を中火で熱し、❶を加えてさっ
と炒める。白すりごま少々を加え、混ぜる。

鶏もも肉（5mm角）

材料と作り方（6回分）
❶ 鶏もも肉½枚（120g）は脂身や皮を取り除いて薄切り
にし、ゆでてから5mm角に切る。
❷ ❶の粗熱がとれたら、冷凍用保存袋に入れて平らにな
らし、袋の空気を抜いて冷凍する。

\ そのまま食べるときは /
1回分を電子レンジで30秒加熱し、解凍してから食べる。

memo

脂身の多いバラ肉以外なら、もも、ロース、肩肉など何でもOK。火はよく通しましょう。

牛肉も脂身が多いバラ肉やサーロイン以外で、もも肉などの赤身を選びましょう。

ひき肉を使うと手軽ですが、なるべく信用できるお店で購入を。豚肉も牛肉も赤身のもので、新鮮なものを選びましょう。

ポイント

肉は脂身が多すぎない もも肉、ロース肉を使って

主食や野菜などを食べることに慣れてきたら、肉を取り入れましょう。ひき肉を使うなら、信頼のできる肉屋、スーパーで赤身のものを選びましょう。お肉屋さんによっては、赤身肉をその場でひき肉にしてくれるところもあります。

Arrange
補完食

豚肉とにんじんの
組み合わせで
免疫力を高める

7〜8カ月／フリージング／豚肉・牛肉

使用 牛乳 ｜ 不使用 卵 小麦 大豆

豚肉とにんじんの チーズ和え

材料と作り方（1回分）
❶ 豚もも肉フリージング⅙量は電子レンジで30秒、にんじんフリージング（P132）20gは30秒加熱し、解凍する。
❷ ボウルに❶、カッテージチーズ小さじ1を入れて和える。

豚もも肉（すりつぶし）

材料と作り方（6回分）
❶ 豚もも薄切り肉60gはゆでてからすりつぶし、ゆで汁適量を加えてのばす。
❷ ❶の粗熱がとれたら、1回分ずつ小分けにして冷凍する。

＼ そのまま食べるときは ／
1回分を電子レンジで30秒加熱し、解凍してから食べる。

肉・魚

主食や野菜に慣れてきたら、豚肉、牛肉も与えていきましょう。たんぱく質は
もちろん、ビタミンや鉄分などの栄養も豊富。適度な量を意識して食べさせて。

9〜11カ月 ／フリージング／豚肉・牛肉

Arrange 補完食

電子レンジで
作れる
お手軽煮

使用 大豆　不使用 卵 牛乳 小麦　みその原料には小麦が
含まれることもあります

牛肉とじゃがいものみそ煮

材料と作り方（1回分）
① じゃがいも¼個（30g）は皮をむいて1cm角に切り、水
にさらす。水けをきって耐熱ボウルに入れ、ふんわり
とラップをして電子レンジで2分加熱する。
② 耐熱ボウルに①、牛もも肉フリージング⅙量、ほうれ
ん草フリージング（P129）10g、だし汁大さじ1、みそ
少々を入れてふんわりとラップをし、電子レンジで1
分加熱し、混ぜる。

牛もも肉（5mm角）

材料と作り方（6回分）
① 牛もも薄切り肉90gはゆで、5mm角に切る。
② ①の粗熱がとれたら、冷凍用保存袋に入れて平らにな
らし、袋の空気を抜いて冷凍する。

＼ そのまま食べるときは ／
1回分を電子レンジで30秒加熱し、解凍してから食べる。

1歳〜1歳6カ月 ／フリージング／豚肉・牛肉

Arrange 補完食

軟飯にのせて
丼にして
食べてもOK

使用 大豆　不使用 卵 牛乳 小麦　みその原料には小麦が
含まれることもあります

なすと豆腐の麻婆

材料と作り方（1回分）
① なす¼本（20g）は皮ごと7〜8mm角に切り、水にさらす。
絹ごし豆腐40gは1cm角に切る。長ねぎ10gはみじん
切りにする。
② フライパンにごま油少々を中火で熱し、長ねぎを入れ
て炒める。しんなりしたらなすを加えて炒め、だし汁
60mℓ、豚もも肉フリージング⅙量、豆腐を加えて蓋を
し、弱火で柔らかくなるまで4〜5分煮る。みそ小さ
じ⅛を溶き入れ、水溶き片栗粉少々を加えてとろみを
つける。

豚もも肉（1cm長さの細切り）

材料と作り方（6回分）
① 豚もも薄切り肉120gはゆで、1cm長さの細切りにする。
② ①の粗熱がとれたら、冷凍用保存袋に入れて平らにな
らし、袋の空気を抜いて冷凍する。

＼ そのまま食べるときは ／
1回分を電子レンジで30秒加熱し、解凍してから食べる。

鶏レバーフリージング

Arrange 補完食

りんごの甘味で
初めてのレバーも
食べやすい

レバー（すりつぶし）

材料と作り方（6回分）
① 鶏レバー30gは一口大に切って塩水に15分ほど漬ける。血の固まりなどを取り除いて水けをふく。
② ①をゆでてすりつぶし、ゆで汁小さじ1を加えてのばす。
③ ②の粗熱がとれたら、6等分ずつ小分けにして冷凍する。

不使用 卵 牛乳 小麦 大豆

レバーのりんごのせ

材料と作り方（1回分）
① レバーフリージング1回分、りんごフリージング（P140）1回分はそれぞれ電子レンジで30秒加熱し、解凍する。
② 器に①を盛り合わせる。

\ そのまま食べるときは /
1回分を電子レンジで30秒加熱し、解凍してから食べる。

Arrange 補完食

かぼちゃと
ミルクでレバーの
風味をマイルドに

レバー（みじん切り）

材料と作り方（6回分）
① 鶏レバー60gは一口大に切って塩水に15分ほど漬ける。血の固まりなどを取り除いて水けをふく。
② ①をゆで、みじん切りにする。
③ ②の粗熱がとれたら、冷凍用保存袋に入れて平らにならし、袋の空気を抜いて冷凍する。

使用 牛乳 大豆 不使用 卵 小麦

レバーと
かぼちゃのミルク煮

材料と作り方（1回分）
① 耐熱ボウルにレバーフリージング⅙量、かぼちゃフリージング（P130）20g、湯で溶いた粉ミルク大さじ1、水溶き片栗粉少々を入れてふんわりとラップをし、電子レンジで1分30秒加熱し、よく混ぜる。

\ そのまま食べるときは /
1回分を電子レンジで30秒加熱し、解凍してから食べる。

補完食の時期に大切な鉄分をしっかり補えるレバーも、意識して取り入れましょう。
下処理が必要だから、まとめて作ってフリージングしておくと便利です。

肉・魚

9〜11カ月 ／フリージング／鶏レバー

Arrange
補完食

海藻や野菜も
一緒に炒めて
栄養バランス◎

使用 牛乳　不使用 卵 小麦 大豆

レバーとキャベツの ヨーグルト炒め

材料と作り方（1回分）

① レバーフリージング⅙量は電子レンジで30秒加熱し、解凍する。キャベツ30gは粗みじん切りにする。ひじき小さじ¼は水で戻し、みじん切りにする。

② フライパンにキャベツ、ひじき、野菜スープ（BF）大さじ2を入れて蓋をし、弱火にかける。柔らかくなるまで3〜4分蒸し炒めにし、レバーを加えて炒め、水分が飛んだら無糖プレーンヨーグルト小さじ1を加えてさっと混ぜる。

レバー（粗みじん切り）

材料と作り方（6回分）

① 鶏レバー90gは一口大に切って塩水に15分ほど漬ける。血の固まりなどを取り除いて水けをふく。

② ①をゆで、粗みじん切りにする。

③ ②の粗熱がとれたら、冷凍用保存袋に入れて平らにならし、袋の空気を抜いて冷凍する。

＼ そのまま食べるときは ／
1回分を電子レンジで30秒加熱し、解凍してから食べる。

1歳〜1歳6カ月 ／フリージング／鶏レバー

Arrange
補完食

みその風味で
クセのあるレバーも
パクパク食べられる

使用 大豆　不使用 卵 牛乳 小麦 みその原料には小麦が含まれることもあります

レバーとピーマンの みそ炒め

材料と作り方（1回分）

① レバーフリージング⅙量は電子レンジで40秒、ピーマンフリージング（P139）30g、にんじんフリージング（P133）10gはそれぞれ20秒加熱し、解凍する。にんじんは細切りにする。

② だし汁大さじ½、みそ小さじ⅛を混ぜ合わせておく。

③ フライパンにオリーブ油少々を中火で熱し、①を入れて炒め、②を回し入れてさっとからめる。

レバー（5mm角）

材料と作り方（6回分）

① 鶏レバー120gは一口大に切って塩水に15分ほど漬ける。血の固まりなどを取り除いて水けをふく。

② ①をゆで、5mm角に切る。

③ ②の粗熱がとれたら、冷凍用保存袋に入れて平らにならし、袋の空気を抜いて冷凍する。

＼ そのまま食べるときは ／
1回分を電子レンジで40秒加熱し、解凍してから食べる。

鮭・まぐろフリージング

肉・魚

Arrange
補完食

カロテノイドや
ビタミン豊富な
かぼちゃをのせて

使用 牛乳 大豆 ／ 不使用 卵 小麦

まぐろのかぼちゃソース

材料と作り方（1回分）
① まぐろフリージング1回分は電子レンジで30秒、かぼちゃフリージング（P130）1回分は20秒加熱し、解凍する。かぼちゃに湯で溶いた粉ミルク小さじ½を混ぜ、かぼちゃソースを作る。
② 器にまぐろを盛り、かぼちゃソースをかける。

まぐろ（すりつぶし）

材料と作り方（6回分）
① まぐろ（刺身用赤身）30gは薄切りにしてゆで、すりつぶし、ゆで汁小さじ1を加えてのばす。
② ①の粗熱がとれたら、6等分ずつ小分けにして冷凍する。

＼ そのまま食べるときは ／
1回分を電子レンジで30秒加熱し、解凍してから食べる。

Arrange
補完食

お麩を
すりおろして
とろみづけ♪

まぐろ（細かいほぐし）

材料と作り方（6回分）
① まぐろ（刺身用赤身）60gは薄切りにしてゆで、細かくほぐす。
② ①の粗熱がとれたら冷凍用保存袋に入れて平らにならし、袋の空気を抜いて冷凍する。
＊生鮭（切り身）の場合は、60gを薄切りにしてゆで、骨や皮を取り除いて細かくほぐし、同様に冷凍する。

使用 小麦 ／ 不使用 卵 牛乳 大豆

まぐろとほうれん草のスープ煮

材料と作り方（1回分）
① 小町麩2個はすりおろす。
② 耐熱ボウルにまぐろフリージング⅙量、ほうれん草フリージング（P128）10g、パプリカフリージング（P138）10g、野菜スープ（BF）大さじ2、①を入れ、ラップをして電子レンジで1分30秒加熱し、混ぜる。

＼ そのまま食べるときは ／
1回分を電子レンジで30秒加熱し、解凍してから食べる。

肉・魚

DHAやEPAなど、健康維持に役立つ栄養が豊富な鮭やまぐろ。スーパーでも
買いやすいので、赤ちゃんのうちからしっかり食べさせましょう。

9〜11カ月 / フリージング / 鮭・まぐろ

Arrange 補完食

チーズを
のせれば
カルシウム補給に

使用 牛乳 不使用 卵 小麦 大豆

鮭とじゃがいものチーズ焼き

材料と作り方(1回分)
❶ じゃがいも30gは1cm角に切って水にさらし、水けを
きって耐熱ボウルに入れ、ふんわりとラップをして電
子レンジで1分加熱する。アスパラガス20gは粗みじ
ん切りにし、耐熱ボウルに入れ、ふんわりとラップを
して電子レンジで1分加熱する。鮭フリージング⅙量
は電子レンジで30秒加熱して解凍する。モッツァレラ
チーズ10gは5mm角に切る。
❷ 耐熱皿に❶を入れて、オーブントースターで4〜5分加
熱する。

鮭(粗いほぐし)

材料と作り方(6回分)
❶ 生鮭(切り身)90gは薄切りにしてゆで、骨や皮を取り
除いて粗くほぐす。
❷ ❶の粗熱がとれたら、冷凍用保存袋に入れて平らにな
らし、袋の空気を抜いて冷凍する。
＊まぐろ(刺身用赤身)の場合は、90gを薄切りにしてゆで、粗く
ほぐし、同様に冷凍する。

＼ そのまま食べるときは ／
1回分を電子レンジで30秒加熱し、解凍してから食べる。

1歳〜1歳6カ月 / フリージング / 鮭・まぐろ

Arrange 補完食

鮭の旨味が
引き立って
おいしい!

不使用 卵 牛乳 小麦 大豆

鮭と白菜のおろし煮

材料と作り方(1回分)
❶ 白菜30gは5mm角に切る。
❷ 耐熱ボウルに❶、鮭フリージング⅙量、大根おろし大
さじ1、だし汁大さじ3を入れてふんわりとラップをし、
電子レンジで2分30秒加熱し、混ぜる。

鮭(1cmサイズ)

材料と作り方(6回分)
❶ 生鮭(切り身)120gは薄切りにしてゆで、骨や皮を取
り除いて1cmサイズにほぐす。
❷ ❶の粗熱がとれたら、冷凍用保存袋に入れて平らにな
らし、袋の空気を抜いて冷凍する。

＼ そのまま食べるときは ／
1回分を電子レンジで40秒加熱し、解凍してから食べる。

111

青背魚（いわし・あじ・さば）フリージング

肉・魚

Arrange
補完食

フリージングを
解凍するだけで
パパッと簡単

いわし（すりつぶし）

材料と作り方（6回分）
① いわし（刺身用）30gはゆでてすりつぶし、ゆで汁小さじ1を加えてのばす。
② ①の粗熱がとれたら、6等分ずつ小分けにして冷凍する。

不使用 卵 牛乳 小麦 大豆

いわしとほうれん草のとろとろ

材料と作り方（1回分）
① いわしフリージング1回分は電子レンジで30秒、ほうれん草フリージング（P128）1回分は20秒加熱し、解凍する。
② 器にほうれん草を盛り、いわしをのせる。

＼そのまま食べるときは／
1回分を電子レンジで30秒加熱し、解凍してから食べる。

Arrange
補完食

食物繊維豊富な
さつまいもは
便秘に効果的

あじ（細かいほぐし）

材料と作り方（6回分）
① あじ（刺身用）60gはゆで、細かくほぐす。
② ①の粗熱がとれたら、冷凍用保存袋に入れて平らにならし、袋の空気を抜いて冷凍する。

使用 牛乳 大豆 不使用 卵 小麦

あじとさつまいものクリーム煮

材料と作り方（1回分）
耐熱ボウルにあじフリージング⅙量、さつまいもフリージング（P134）20g、湯で溶いた粉ミルク大さじ1½、水溶き片栗粉少々を入れてふんわりとラップをし、電子レンジで1分30秒加熱し、よく混ぜる。

＼そのまま食べるときは／
1回分を電子レンジで30秒加熱し、解凍してから食べる。

肉・魚

赤身魚と同様にDHAやEPAを豊富に含む青背魚も、赤ちゃんのうちから与えましょう。
いわしやあじは小骨が多いので、お刺身用を選べば骨抜きの手間もなく、おすすめです。

9〜11カ月 ／フリージング／青背魚（さば）

Arrange 補完食

しめじやトマトが
入って旨味
たっぷり♪

さば（粗いほぐし）

材料と作り方（6回分）
❶ さば（切り身）90gは一口大に切ってゆで、皮、骨を取り除いて粗くほぐす。
❷ ❶の粗熱がとれたら、冷凍用保存袋に入れて平らにならし、袋の空気を抜いて冷凍する。

不使用 卵 牛乳 小麦 大豆

さばのアクアパッツァ

材料と作り方（1回分）
❶ しめじ3本（10g）はみじん切りにし、玉ねぎ15gは粗みじん切りにする。
❷ 耐熱ボウルに❶、さばフリージング⅙量、トマトフリージング（P137）20g、野菜スープ（BF）大さじ2、水溶き片栗粉少々を入れてふんわりとラップをし、電子レンジで1分30秒加熱し、よく混ぜる。

＼ そのまま食べるときは ／
1回分を電子レンジで30秒加熱し、解凍してから食べる。

1歳〜1歳6カ月 ／フリージング／青背魚（あじ）

Arrange 補完食

ヨーグルトを
プラスしてお腹の
調子を整える

あじ（1cmサイズ）

材料と作り方（6回分）
❶ あじ（刺身用）120gはゆで、1cmサイズにほぐす。
❷ ❶の粗熱がとれたら、冷凍用保存袋に入れて平らにならし、袋の空気を抜いて冷凍する。

使用 牛乳　不使用 卵 小麦 大豆

あじときゅうり、かぼちゃのおかずサラダ

材料と作り方（1回分）
❶ あじフリージング⅙量、かぼちゃフリージング（P131）20gは電子レンジで30秒加熱し、解凍する。きゅうり20gは皮をむいて7mm角に切る。
❷ ボウルに❶、無糖プレーンヨーグルト小さじ2を入れ、和える。

＼ そのまま食べるときは ／
1回分を電子レンジで30秒加熱し、解凍してから食べる。

しらすフリージング

肉・魚

Arrange
補完食

やさしい甘味が
赤ちゃんにも
大人気

しらす（すりつぶし）

材料と作り方（6回分）
❶ しらす30gはさっと湯通しして塩抜きし、すりつぶし、湯小さじ1を加えてのばす。
❷ ❶の粗熱がとれたら、6等分ずつ小分けにして冷凍する。

＼ そのまま食べるときは ／
1回分を電子レンジで30秒加熱し、解凍してから食べる。

不使用 卵 牛乳 小麦 大豆
さつまいものしらすのせ

材料と作り方（1回分）
❶ しらすフリージング1回分、さつまいもフリージング（P134）1回分はそれぞれ電子レンジで30秒加熱し、解凍する。
❷ 器にさつまいもを盛り、しらすをトッピングする。

Arrange
補完食

すりごまを
和えて
栄養をプラス

しらす（みじん切り）

材料と作り方（6回分）
❶ しらす60gはさっと湯通しして塩抜きし、みじん切りにする。
❷ ❶の粗熱がとれたら、冷凍用保存袋に入れて平らにならし、袋の空気を抜いて冷凍する。

＼ そのまま食べるときは ／
1回分を電子レンジで30秒加熱し、解凍してから食べる。

不使用 卵 牛乳 小麦 大豆
しらすと白菜のごま和え

材料と作り方（1回分）
❶ 白菜（葉先）½枚（20g）は柔らかくゆで、みじん切りにする。しらすフリージング10gは電子レンジで30秒加熱し、解凍する。
❷ ボウルに❶、白すりごま小さじ¼を入れ、和える。

肉・魚

カルシウムが豊富で、消化がよく、栄養豊富なしらすは、旨味があるので赤ちゃんも
食べやすく、補完食にもぴったり。塩分が多いので、さっと塩抜きしてから使います。

9カ月 / フリージング / しらす

Arrange
補完食

栄養豊富な
かぶの葉も
一緒に使って

不使用 卵 牛乳 小麦 大豆

しらすとかぶの磯煮

材料と作り方（1回分）
① かぶ¼個（20g）、かぶの葉1本（5g）は柔らかくゆで、粗みじん切りにする。
② 耐熱ボウルに①、しらすフリージング10g、だし汁大さじ2、水溶き片栗粉少々を入れてふんわりとラップをし、電子レンジで40秒加熱する。
③ 器に②を盛り、ちぎった焼きのり少々をのせる。

しらす（粗みじん切り）

材料と作り方（6回分）
① しらす90gはさっと湯通しして塩抜きし、粗みじん切りにする。
② ①の粗熱がとれたら、冷凍用保存袋に入れて平らにならし、袋の空気を抜いて冷凍する。

＼ そのまま食べるときは ／
1回分を電子レンジで30秒加熱し、解凍してから食べる。

1歳～1歳6カ月 / フリージング / しらす

Arrange
補完食

にんじんも
一緒に混ぜ込めば
食べやすい

使用 卵 牛乳 小麦 不使用 大豆 パン粉の原料には大豆が含まれることがあります

しらすとじゃがいものコロッケ

材料と作り方（1回分）
① じゃがいも¼個（40g）は一口大に切って水にさらし、耐熱ボウルに入れ、ふんわりとラップをして電子レンジで1分30秒加熱し、つぶす。しらすフリージング10g、にんじんフリージング（P133）5gは電子レンジで30秒加熱し、解凍する。にんじんは粗くつぶす。
② ボウルに①、牛乳小さじ½を入れて混ぜ、2等分にし、小判形に成形する。溶き卵・パン粉各適量をつけ、170度に熱したオリーブ油適量で揚げ焼きする。

しらす

材料と作り方（6回分）
① しらす120gはさっと湯通しして塩抜きする。
② ①の粗熱がとれたら、冷凍用保存袋に入れて平らにならし、袋の空気を抜いて冷凍する。

＼ そのまま食べるときは ／
1回分を電子レンジで30秒加熱し、解凍してから食べる。

肉・魚の まとめて半調理 フリージング&アレンジレシピ

肉・魚を使った半調理フリージングは、主菜になるおかずです。
そのまま食べるのはもちろん、主食や、野菜のおかずと合わせたアレンジもおすすめ。

Point 1

7~8カ月は、肉や魚、野菜を一緒に煮て冷凍を

まとめ煮のいいところは、毎回の補完食作りがラクになるのはもちろん、献立に悩まなくていいところ。たんぱく質や鉄、亜鉛の多い肉や魚、ビタミンAの豊富な野菜を組み合わせて煮ておくので、悩むことなく、栄養バランスの取れた補完食を作ることができます。プラス1食材で、いろいろなおかずにアレンジすることも可能なので、赤ちゃんも飽きずに食べることができるはず。水溶き片栗粉でとろみをつけて冷凍しておくのもおすすめ。

Point 2

9~11カ月は、しっかりした食感の肉のそぼろの冷凍を

9~11カ月は1回に食べる量も多くなるから、しっかりと食べ応えのある肉のおかずをまとめ煮しておくのがおすすめ。だし汁で煮た肉そぼろは、雑穀がゆにのせたり、スープに入れたり、うどんにからめたりと、様々な使い方ができるのであると便利です。ねぎも組み合わせられるので、少しずつ大人の食事に近づいていきます。調味料を使わなくても、しっかりとした素材の旨味を感じられる補完食の作りおきはおすすめです。

Point 3

1歳~1歳6カ月は、形のある補完食をまとめて作って

1歳~1歳6カ月は、咀嚼力も発達してくるため、ハンバーグなどの形のある補完食もよいでしょう。大人の食事に近づくとはいえ、柔らかく仕上げたいので、鶏ひき肉と豆腐、わかめを組み合わせた和風ハンバーグをまとめて作って冷凍しましょう。冷凍する形は、平たい楕円形や、ミートボールなどの丸い形が◎。そのままはもちろん、切って煮物の具にしたり、あんかけをかけてさらにおいしくアレンジするのもおすすめです。

肉・魚

不使用 卵 牛乳 小麦 大豆

鮭、白菜、にんじんの まとめ煮

材料と作り方（6回分）

① 生鮭（切り身）60gは一口大に切る。白菜（葉先）60g はざく切り、にんじん60gは5mm幅の薄切りにする。

② 鍋に水300mlを沸かして鮭を入れ、煮る。火が通ったら鮭を取り出し、白菜、にんじんを入れて15分ほど煮る。柔らかくなったら野菜を取り出し、みじん切りにする。鮭は皮と骨を取り除き、細かくほぐす。鮭、野菜をゆで汁に戻し、さっと混ぜる。

保存するなら

粗熱がとれたら、6等分ずつ小分けにして冷凍する。

＼ そのまま食べるときは ／
1回分を電子レンジで1分加熱し、解凍してから食べる。

Arrange
補完食

使用 大豆　不使用 卵 牛乳 小麦

まとめ煮の白和え

材料と作り方（1回分）

① 鮭、白菜、にんじんのまとめ煮1回分は電子レンジで1分加熱し、解凍する。耐熱ボウルに絹ごし豆腐20gを入れてふんわりとラップをし、電子レンジで20秒加熱し、スプーンなどでつぶす。

② ①を和える。

Arrange
補完食

不使用 卵 牛乳 小麦 大豆

鮭と野菜のみぞれ煮

材料と作り方（1回分）

① 鮭、白菜、にんじんのまとめ煮1回分は電子レンジで1分加熱し、解凍する。

② 耐熱ボウルに①、大根おろし大さじ1、だし汁大さじ1、水溶き片栗粉少々を入れてふんわりとラップをし、電子レンジで1分加熱し、混ぜる。

不使用 卵 牛乳 小麦 大豆

鶏そぼろ

材料と作り方（6回分）
① 長ねぎ30gは粗みじん切りにする。
② 小さめのフライパンに①、鶏ひき肉100g、だし汁大さじ2を入れ、箸で全体を混ぜる。中火にかけてほぐしながら混ぜ、水分が少なくなるまで5〜6分炒める。

保存するなら

粗熱がとれたら、6等分ずつ小分けにして冷凍する。

＼ そのまま食べるときは ／
1回分を電子レンジで30秒加熱し、解凍してから食べる。

Arrange
補完食

不使用 卵 牛乳 小麦 大豆

じゃがいものそぼろ煮

材料と作り方（1回分）
① じゃがいも40gは1cm角に切り、水にさらす。
② 耐熱ボウルにじゃがいも、だし汁50mlを入れてふんわりとラップをし、電子レンジで2分加熱する。じゃがいもが柔らかくなったら、鶏そぼろフリージング1回分、水溶き片栗粉少々を加え、さらに40秒加熱し、混ぜる。

Arrange
補完食

不使用 卵 牛乳 小麦 大豆

そぼろ丼

材料と作り方（1回分）
① 雑穀がゆフリージング（P63）1回分は電子レンジで2分、鶏そぼろフリージング1回分は30秒加熱し、解凍する。絹さや1枚は柔らかくゆで、みじん切りにする。
② 器に雑穀がゆ、鶏そぼろを順に盛り、絹さやをのせる。

肉・魚

1歳〜1歳6カ月／半調理／豆腐ハンバーグ

使用 大豆 不使用 卵 牛乳 小麦

豆腐ハンバーグ

材料と作り方（6回分）

❶ 絹ごし豆腐60gはキッチンペーパーに包んで耐熱皿にのせ、電子レンジで30秒ほど加熱し、水きりする。わかめ（乾燥）小さじ1はゆでて、粗く刻む。

❷ ボウルに鶏ひき肉120g、❶、片栗粉大さじ1½を入れてよく混ぜ、6等分にして小判形に成形する。

❸ フライパンにオリーブ油少々を中火で熱し、❷を入れて焼く。焼き目がついたら裏返し、蓋をして弱火で3〜4分蒸し焼きにする。

保存するなら

粗熱がとれたら、冷凍用保存袋に重ならないように入れ、袋の空気を抜いて冷凍する。

＼ そのまま食べるときは ／

1回分を電子レンジで40秒加熱し、解凍してから食べる。

Arrange 補完食

使用 大豆 不使用 卵 牛乳 小麦

ハンバーグの豆乳クリーム煮

材料と作り方（1回分）

❶ 豆腐ハンバーグフリージング1回分は電子レンジで40秒加熱して解凍し、4等分に切る。玉ねぎ10gは2cm長さの薄切りにする。ブロッコリー20gは小さく切る。

❷ フライパンにオリーブ油少々を中火で熱し、玉ねぎを炒めてしんなりしたら、豆腐ハンバーグ、ブロッコリー、野菜スープ（BF）大さじ2を加え、蓋をして弱火で5〜6分、柔らかくなるまで蒸し煮にする。無調整豆乳大さじ2を加えて温め、水溶き片栗粉少々を加えてとろみをつける。

Arrange 補完食

使用 大豆 不使用 卵 牛乳 小麦

あんかけハンバーグ

材料と作り方（1回分）

❶ 豆腐ハンバーグフリージング1回分は電子レンジで40秒、にんじんフリージング（P133）10gは20秒加熱し、解凍する。にんじんは薄いいちょう切りにする。さやいんげん1本、しいたけ½枚は粗みじん切りにする。

❷ 小さいフライパンにだし汁50mℓを入れて沸かし、さやいんげん、しいたけを加え、蓋をして弱火で煮る。柔らかくなったら豆腐ハンバーグ、にんじんを加えてさっと煮て、水溶き片栗粉少々を加え、とろみをつける。

市販のBFやレンチンで **パパッ** と作る

肉・魚 時短レシピ

肉や魚を使ったメインになるおかずは、たんぱく質が豊富だから赤ちゃんの成長に欠かせません。毎日手の込んだ料理は大変だから、時短レシピで無理なく作って。

ツナ缶は常備しておくと何かと便利

ツナとなすのとろとろ

材料と作り方（1回分）
❶ ツナ水煮缶（小さじ1）5gはさっと湯通しし、すりつぶす。なす20gは皮をむいて薄切りにし、柔らかくゆで、すりつぶす。
❷ 器に❶を盛り合わせる。

memo
ツナは製品によっては塩分が含まれているので、湯通しして塩分を落としてから使いましょう。

粉ミルクでトマトの酸味がまろやかに

使用 牛乳 大豆　不使用 卵 小麦

レバートマトスープ

材料と作り方（1回分）
❶ レバー（粉末／BF）小さじ½は湯で溶いた粉ミルク小さじ1で溶く。
❷ トマトフリージング（P136）1回分は電子レンジで10秒加熱し、❶と混ぜ合わせる。

memo
ちょっと食べにくいレバーも、粉ミルクの甘みとトマトの旨味で食べやすくなります。

あんかけなら
ブロッコリーも
食べやすい

不使用 卵 牛乳 小麦 大豆

ゆでブロッコリーの
ツナあんかけ

材料と作り方（1回分）

❶ ブロッコリー（穂先）20gは柔らかくゆで、みじん切りにし、器に盛る。ツナ水煮缶小さじ2（10g）はさっと湯通しし、細かくつぶす。

❷ 耐熱ボウルにツナ、にんじんフリージング（P132）10g、だし汁大さじ2、水溶き片栗粉少々を入れてふんわりとラップをし、電子レンジで1分加熱して混ぜ、とろみがついたら❶のブロッコリーにかける。

BFのレバーで
手軽に鉄分を
プラスして

不使用 卵 牛乳 小麦 大豆

じゃがいものレバー和え

材料と作り方（1回分）

❶ じゃがいも30gは5mm角に切って耐熱皿に入れ、ふんわりとラップをして電子レンジで50秒加熱する。

❷ ボウルにレバー（粉末／BF）小さじ½、湯小さじ1を入れて混ぜ、❶を加えて和える。

> **memo**
> じゃがいもの代わりに、甘味のあるさつまいもやかぼちゃで作っても食べやすいです。

鮭缶なら
湯通しして
つぶすだけ♪

使用 牛乳 大豆 不使用 卵 小麦

鮭とほうれん草のミルク煮

材料と作り方（1回分）

❶ 鮭水煮缶10gは湯通しし、細かくつぶす。

❷ 耐熱ボウルに❶、ほうれん草フリージング（P128）10g、湯で溶いた粉ミルク大さじ1½、水溶き片栗粉少々を入れてふんわりとラップをし、電子レンジで40秒加熱し、混ぜる。

> **memo**
> 鮭の代わりにツナ水煮缶や、さば水煮缶、ほうれん草の代わりにさつまいもやパプリカなどでも作れます。

鮭の旨味を
味わえて
食べやすい

肉・魚

9〜11カ月／時短

使用 牛乳 小麦　不使用 卵 大豆

鮭バーグ

材料と作り方（1回分）

❶ 玉ねぎ10gはみじん切りにして耐熱皿に入れ、水小さじ½を加えてふんわりとラップをし、電子レンジで30秒加熱する。

❷ ボウルに❶、鮭水煮缶15g、小麦粉小さじ1、牛乳小さじ1を入れてよく混ぜ、2等分にして小判形に成形する。

❸ フライパンにオリーブ油少々を中火で熱し、❷を入れて両面焼く。

> **memo**
> 小麦粉のつなぎが入ってますが、柔らかいタネなので、裏返すときはヘラなどを使うと安心です。

チーズを混ぜて
たんぱく質と
カルシウムをプラス

使用 卵 牛乳　不使用 小麦 大豆

ささみとさつまいもの
ガレット

材料と作り方（1回分）

❶ さつまいもフリージング（P135）20gは電子レンジで30秒加熱し、解凍する。モッツァレラチーズ5gは粗みじん切りにする。

❷ ボウルに❶、鶏ささみ缶10g、溶き卵小さじ2を入れ、混ぜる。

❸ フライパンにオリーブ油少々を中火で熱し、❷を半量ずつ落とし入れる。焼き目がついたら裏返し、弱火で2〜3分焼く。

添える野菜は
お好みで
変えてOK

不使用 卵 牛乳 小麦 大豆

ぶりの和風ソテー

材料と作り方（1回分）

❶ 緑豆もやし10gはひげ根を取り除いてみじん切りにする。水菜2本（5g）は3〜4mm長さに切る。耐熱皿にもやしと水菜を入れて水小さじ1をかけ、ふんわりとラップをして電子レンジで30秒加熱し、混ぜる。

❷ フライパンにオリーブ油少々を熱し、ぶり（刺身用）大1切れ（15g）を入れて焼く。焼き色がついて火が通ったら、かつお節少々をさっと絡める。

❸ 器に❷を盛り、❶を添える。

お刺身用の
サーモンで
食べさせやすい

使用 牛乳　不使用 卵 小麦 大豆

鮭のホイル焼き

材料と作り方（1回分）

❶ アスパラガス10gは1mm厚さの輪切りにする。にんじん
フリージング（P133）10gは電子レンジで20秒加熱して
解凍し、4等分に切る。

❷ アルミホイルにサーモン（刺身用）3切れ（20g）、❶、バ
ター少々をのせ、アルミホイルをしっかり閉じ、オーブ
ントースターで5〜6分焼く。

memo
子どもの前でホイルを開けるなどのアクションを入れると、興
味を持って、食べてもらうことへのきっかけにもなります。

青のりを加えて
彩りと風味を
アップ♪

使用 卵 小麦　不使用 牛乳 大豆

まぐろのピカタ

材料と作り方（1回分）

❶ まぐろ（刺身用）2切れ（20g）は1切れを半分に切り、小
麦粉適量をまぶす。ブロッコリー20gは柔らかくゆでて
小さく切る。溶き卵大さじ⅓、青のり少々を合わせておく。

❷ フライパンにオリーブ油少々を熱し、卵液にからめたま
ぐろを入れ、火が通るまで焼く。

❸ 器に❷を盛り、ブロッコリー添える。

memo
一口サイズで作ることで、手づかみ食べの練習に。ピカタにす
ることでふっくらしっとり仕上がり、食べやすいです。

かつおは
鉄分やビタミンも
豊富！

不使用 卵 牛乳 小麦 大豆

かつおの唐揚げ

材料と作り方（1回分）

❶ かつお（刺身用）20gは酒少々をからめて水けを拭き取り、
片栗粉適量をまぶす。キャベツ20gは柔らかくゆで、5
mm四方に切る。

❷ フライパンにオリーブ油適量を多めに熱し、かつおを入
れて揚げ焼きにし、油をきる。

❸ 器に❷を盛り、キャベツを添える。

こんなとき、どうしたらいい？

手づかみ食べはどんなもの？

離乳食は成長にともなってステップアップします。食べる意欲も変化し、
食べたくなったら手を伸ばして自分で持って食べるように。赤ちゃんに合わせて形も変化させましょう。

手づかみ食べって？

10カ月くらいになったら手で持てる大きさのものを

手づかみ食べは、手先を使って五感をはたらかせて食べることから子どもの発育によいと言われています。とはいえ、うまく食べられないうちは遊んでしまい、うまく食べられないというお母さんのストレスになりがちです。

ある研究（※）によると、手づかみ食べの開始年齢は早い子で10カ月、遅い子は17カ月（平均12カ月頃）となっており、どの子もすぐに手づかみ食べができるわけではありません。焦る必要はないので「うまく食べられなくても仕方がない」「今日はぐちゃぐちゃにしても○K」「好きなように食べて」と思えるときにチャレンジさせてあげましょう。

※小児保健研究 (0037-4113)74巻6号
Page884-895(2015.11)乳幼児の手づかみ食べの発達過程および類型

何を食べさせる？

にんじんや大根はスティックよりも楕円形

赤ちゃんが手づかみしやすい形は、7〜8cmの楕円形です。赤ちゃんの手で握らせて先が1〜2cm出る程度の大きさにしましょう。繊維を断ち切るように斜めに切ると、噛み切りやすく食べやすいようです。まっすぐ長いものは勢いよく喉まで入ってオエッとなってしまうことがあるので要注意です。

パンは詰め込みすぎて喉に詰まるので要注意

手づかみ食べには、パンもよく使われますが、どんどん口に詰め込んでしまい、唾液とパンが混じってゲル状になり、それが喉にパンを詰まらせてしまうことも。大人がお手本を示すと真似をするので、よく噛んで飲み込むように、一緒に食べる大人が、率先して食べる様子を見せてあげてください。

手づかみ食べにおすすめ! 補完食レシピ

骨がない
お刺身用だから
ほぐさず食べられる

使用 大豆 不使用 卵 牛乳 小麦　みその原料には小麦が
含まれることもあります

ぶりのごまみそ焼き

材料と作り方（1回分）

❶ トマト10gは皮を取り除き、5㎜角に切る。

❷ フライパンにオリーブ油少々を中火で熱し、ぶり（刺身用）15gを入れて焼く。火が通ったら、合わせておいただし汁小さじ1 、白すりごま小さじ¼ 、みそ少々を加えてからめる。

❷ 器に❷を盛り、トマトを添える。

栄養memo
ぶりはビタミンDや鉄分などを含むので、積極的に取り入れると◎。すりごまをからめれば、栄養も風味もアップします。

使用 小麦 大豆 不使用 卵 牛乳

納豆おやき

材料と作り方（1回分）

❶ ほうれん草フリージング（P129）10gは電子レンジで20秒加熱し、解凍する。

❷ ボウルに❶、ひきわり納豆大さじ1（15g）、小麦粉大さじ1 、だし汁大さじ1を入れ、混ぜる。

❸ フライパンにごま油少々を中火で熱し、❷を入れて丸く形を整え、両面を焼く。

栄養memo
納豆はたんぱく質やビタミン、ミネラル、食物繊維が含まれる健康的な食材。おやきに混ぜれば補食にもぴったり。

小判形に
切ってあげると
つかみやすい!

野菜・果物の役割と栄養

補完食の

体の調子をととのえるビタミン、ミネラルを含む野菜と果物は、赤ちゃんの健康を
保つために欠かせない食材。ビタミンAやビタミンCの多い色の濃い野菜を取り入れましょう。

ビタミンAとCが豊富な緑黄色野菜を中心に果物も積極的に

野菜には、かぼちゃやにんじんなどの色の濃い緑黄色野菜と、大根やもやしなどの色の薄い淡色野菜があります。

この違いは、ビタミンA（カロテノイド）が多いか少ないか。つまり、色の濃い緑黄色野菜には、カロテノイドが豊富ということです。カロテノイドは、ビタミンAに変換されやすいプロビタミンAなので、赤ちゃんに必要なビタミンAを補給するなら、緑黄色野菜を選んで。油と摂取すると吸収率がアップするので、炒めたり、炒め煮にするのもいいでしょう。

果物は、ビタミンCを豊富に含み、鉄の吸収率をアップさせます。また、柿、スイカ、マンゴーなどはビタミンA（カロテノイド）が豊富なので、積極的に取り入れましょう。

補完食のおすすめ野菜・果物

緑黄色野菜には、赤ちゃんに必要なビタミンAとビタミンCが豊富。
少量しか食べられないので、なるべく栄養価の高い野菜や果物を与えましょう。

ほうれん草

ビタミン A ／ ビタミン C ／ 鉄

**葉先は柔らかく、
彩りアップにも**

ほうれん草にはビタミンA（カロテノイド）やビタミンC、鉄などのミネラルも含まれます。苦味やエグ味の元になるシュウ酸を含むため、必ず下ゆでして。

かぼちゃ

ビタミン A ／ ビタミン C

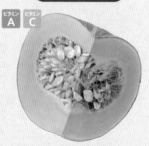

**ホクホク甘くて
赤ちゃんが喜ぶ野菜**

かぼちゃはエネルギーも高く、ビタミンA（カロテノイド）たっぷりの緑黄色野菜。赤ちゃんは甘味を本能的に受け入れるので、食べやすい食材。

にんじん

ビタミン A ／ ビタミン C

**甘味がありカロテノイド
が豊富な緑黄色野菜**

にんじんのカロテノイドの含有量は、野菜の中でもトップクラス。ビタミンCやカルシウムも含みます。油と一緒に摂取を。繊維を断ち切るように斜め切りにして。

トマト

ビタミン A ／ ビタミン C

カロテノイドのリコピンが豊富

トマトには抗酸化作用のあるリコピンやカロテノイドが豊富。ゆでると酸味が和らぎ、旨味も濃いので食べやすい。皮と種は取り除いて。

ピーマン・パプリカ

ビタミン A ／ ビタミン C

色の濃い野菜の代表格

カロテノイドとビタミンCが豊富な緑黄色野菜。パプリカはピーマンより苦味が少なくて甘く、ビタミンCも多く含まれる優秀食材。

ブロッコリー

ビタミン A ／ ビタミン C

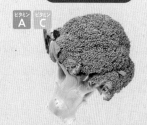

ビタミンCと葉酸が豊富

ブロッコリーはレモンに匹敵するほどビタミンCが豊富。 花蕾はゆでると柔らかくなり食べやすく、手づかみ食べの練習にも。

さつまいも

ビタミン C

ビタミンCと食物繊維の宝庫

さつまいもは甘味があり、人気食材。食物繊維も豊富で便秘予防に。いもに含まれるビタミンCは熱に強いので、鉄の吸収を助けます。

モロヘイヤ

ビタミン A ／ ビタミン C ／ 鉄

とろみがあるので食べやすい

モロヘイヤは、カロテノイド、ビタミンK、食物繊維や鉄が含まれる万能食材の一つ。ゆでて刻むと、とろみが出るので食べやすい。

バナナ・りんご・マンゴー・柿など

ビタミン A ／ ビタミン C

果物は毎食取り入れましょう

果物はビタミンCが多く、エネルギー、鉄の吸収アップに一役買います。黄色みの濃い果物はカロテノイドも多く含まれるのが特徴。

調理のコツ ▶▶▶ 補完食の野菜・果物の扱い方のポイント

斜めに切って繊維を断ち切る

にんじんなどの野菜は、写真のように斜めに切って繊維を断ち切るようにすると、口の中に残りにくくなります。また、手づかみ食べをしたときに前歯でかじり取りやすくなります。

さつまいもは皮をむく

さつまいもの皮の近くには繊維やアクが多いので、皮は厚くむき、水にさらしてから、電子レンジで加熱しましょう。

湯むきをして種を取る

トマトは皮が厚いので、湯むきするのがおすすめ。トマトに十字の切り込みを入れ、熱湯にくぐらせたら、水にとって皮をむきましょう。半分に切って種を取るのも忘れずに。

ほうれん草フリージング

Arrange
補完食

白和えなら
たんぱく質も
一緒に摂取できる

ほうれん草（すりつぶし）

材料と作り方（6回分）
❶ ほうれん草（葉先）¼袋（30g）は柔らかくゆでて水にさらし、水けをきる。すりつぶし、湯小さじ½を加えてのばす。
❷ ❶を6等分ずつ小分けにして冷凍する。

＼ そのまま食べるときは ／
1回分を電子レンジで20秒加熱し、解凍してから食べる。

使用 大豆 　不使用 卵 牛乳 小麦

ほうれん草の白和え

材料と作り方（1回分）
❶ ほうれん草フリージング1回分は電子レンジで20秒加熱して解凍する。絹ごし豆腐20gは耐熱ボウルに入れ、ふんわりとラップをして電子レンジで20秒加熱し、すりつぶす。
❷ ❶を混ぜる。

Arrange
補完食

栄養価の高い
卵をのせて
彩りもアップ！

ほうれん草（みじん切り）

材料と作り方（6回分）
❶ ほうれん草（葉先）½袋（60g）は柔らかくゆでて水にさらし、水けをきり、みじん切りにする。
❷ ❶を冷凍用保存袋に入れて平らにならし、袋の空気を抜いて冷凍する。

＼ そのまま食べるときは ／
1回分を電子レンジで30秒加熱し、解凍してから食べる。

使用 卵 　不使用 牛乳 小麦 大豆

ほうれん草のミモザサラダ

材料と作り方（1回分）
❶ 耐熱ボウルにほうれん草フリージング10g、だし汁大さじ½、水溶き片栗粉少々を入れてふんわりとラップをし、電子レンジで1分加熱する。とろみがついたら器に盛り、卵黄（裏ごししたもの）小さじ¼をのせる。
＊卵黄の保存方法はP36参照

野菜・
果物

緑黄色野菜の中でも栄養価の高いほうれん草は、鉄分やビタミンも豊富に含まれます。
アクが強いので、ゆでたら水にさらしてアク抜きをしてから使いましょう。

9〜11カ月 ／フリージング／ほうれん草

Arrange
補完食

コーンの甘味と
ヨーグルトの
酸味がマッチ

使用 牛乳 不使用 卵 小麦 大豆

ほうれん草とコーンの ヨーグルト和え

材料と作り方（1回分）
1 ほうれん草フリージング30gは電子レンジで40秒加熱
し、解凍する。コーン缶大さじ½は粗みじん切りにする。
2 ボウルに1、無糖プレーンヨーグルト小さじ2を入れ、
さっと和える。

ほうれん草（粗みじん切り）

材料と作り方（6回分）
1 ほうれん草1袋（120g）は柔らかくゆでて水にさらし、
水けをきり、粗みじん切りにする。
2 1を冷凍用保存袋に入れて平らにならし、袋の空気を
抜いて冷凍する。

＼ そのまま食べるときは ／
1回分を電子レンジで40秒加熱し、解凍してから食べる。

1歳〜1歳6カ月 ／フリージング／ほうれん草

Arrange
補完食

のどごしのよい
春雨は
短く刻んで

不使用 卵 牛乳 小麦 大豆

ほうれん草の春雨スープ

材料と作り方（1回分）
1 春雨5gは柔らかくゆで、2cm長さに切る。
2 鍋にだし汁100mℓを入れて沸かし、ほうれん草フリー
ジング20g、1を入れて蓋をし、2〜3分煮る。ごま
油少々を加え、さっと煮る。

ほうれん草（5mm幅）

材料と作り方（6回分）
1 ほうれん草1袋（120g）は柔らかくゆでて水にさらし、
水けをきり、5mm幅に切る。
2 1を冷凍用保存袋に入れて平らにならし、袋の空気を
抜いて冷凍する。

＼ そのまま食べるときは ／
1回分を電子レンジで40秒加熱し、解凍してから食べる。

かぼちゃフリージング

Arrange 補完食

やさしい甘さと
とろとろの食感で
残さず食べてくれる

かぼちゃ（すりつぶし）

材料と作り方（6回分）
1. かぼちゃ60gは皮をむき、1cm厚さの一口大に切る。耐熱皿に入れて水大さじ½をまわしかけ、ふんわりとラップをして電子レンジで3分加熱する。柔らかくなったらすりつぶし、湯大さじ1を加えてのばす。
2. 1の粗熱がとれたら、6等分ずつ小分けにして冷凍する。

不使用 卵 牛乳 小麦 大豆

かぼちゃとりんごのとろとろ

材料と作り方（1回分）
1. かぼちゃフリージング1回分、りんごフリージング（P140）1回分は電子レンジでそれぞれ30秒ずつ加熱し、解凍する。
2. 器に1を盛り合わせる。

\ そのまま食べるときは /
1回分を電子レンジで30秒加熱し、解凍してから食べる。

Arrange 補完食

ミルクを
加えてしっとり
仕上げて

かぼちゃ（みじん切り）

材料と作り方（6回分）
1. かぼちゃ100gは皮をむき、1cm厚さの一口大に切る。耐熱皿に入れて水大さじ½をまわしかけ、ふんわりとラップをして電子レンジで3分加熱する。柔らかくなったらみじん切りにする。
2. 1を冷凍用保存袋に入れて平らにならし、袋の空気を抜いて冷凍する。

使用 牛乳 大豆 不使用 卵 小麦

かぼちゃのカッテージチーズ和え

材料と作り方（1回分）
1. かぼちゃフリージング20gは電子レンジで30秒加熱し、解凍する。
2. ボウルに1、カッテージチーズ小さじ1、湯で溶いた粉ミルク大さじ1を入れ、和える。

\ そのまま食べるときは /
1回分を電子レンジ30秒加熱し、解凍してから食べる。

130

野菜・
果物

ほんのりと甘い味が大好きな赤ちゃんに人気のかぼちゃ。
柔らかく食べやすいうえ、免疫力を高めるカロテノイドや食物繊維も豊富です。

9〜11カ月 ／フリージング／かぼちゃ

Arrange 補完食

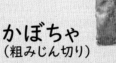
かぼちゃの甘味と
かつお節の風味で
食べやすい!

不使用 卵 牛乳 小麦 大豆

かぼちゃとアスパラガスの おかか炒め

材料と作り方（1回分）
❶ かぼちゃフリージング30gは電子レンジで30秒加熱
し、解凍する。アスパラガス1本は柔らかくゆで、粗
みじん切りにする。
❷ フライパンにごま油少々を中火で熱し、❶を炒める。
かつお節少々を加え、さっと混ぜる。

かぼちゃ （粗みじん切り）

材料と作り方（6回分）
❶ かぼちゃ200gは1cm厚さの一口大に切る。耐熱皿に入
れて水大さじ1をまわしかけ、ふんわりとラップをし
て電子レンジで4分加熱する。柔らかくなったら粗み
じん切りにする。
❷ ❶を冷凍用保存袋に入れて平らにならし、袋の空気を
抜いて冷凍する。

＼ そのまま食べるときは ／
1回分を電子レンジで40秒加熱し、解凍してから食べる。

1歳〜1歳6カ月 ／フリージング／かぼちゃ

Arrange 補完食

高野豆腐は
栄養価が
高いから
常備しておくと◎

使用 大豆 不使用 卵 牛乳 小麦

高野豆腐とかぼちゃの煮物

材料と作り方（1回分）
❶ 高野豆腐¼個は水で戻し、5mm角に切る。
❷ 鍋にだし汁50mlを入れて沸かし、❶、かぼちゃフリー
ジング40gを入れ、柔らかくなるまで5〜6分煮る。

かぼちゃ （7mm角）

材料と作り方（6回分）
❶ かぼちゃ200gは7mm角に切る。耐熱皿に入れて水大さ
じ1をまわしかけ、ふんわりとラップをして電子レン
ジで4分加熱する。
❷ ❶の粗熱がとれたら、冷凍用保存袋に入れて平らにな
らし、袋の空気を抜いて冷凍する。

＼ そのまま食べるときは ／
1回分を電子レンジで40秒加熱し、解凍してから食べる。

にんじんフリージング

Arrange 補完食

栄養豊富な
きな粉を
ふりかけて

にんじん（すりつぶし）

材料と作り方（6回分）
❶ にんじん⅓本（60g）は5㎜厚さに切り、柔らかくゆでる。すりつぶして湯小さじ1を加えてのばす。
❷ ❶の粗熱がとれたら、6等分ずつ小分けにして冷凍する。

使用 大豆　**不使用** 卵　牛乳　小麦

にんじんのきな粉がけ

材料と作り方（1回分）
❶ にんじんフリージング20gは電子レンジで20秒加熱し、解凍する。
❷ 器に❶を盛り、きな粉少々をふる。

＼ そのまま食べるときは ／
1回分を電子レンジで20秒加熱し、解凍してから食べる。

Arrange 補完食

すりおろした
お麩のとろみで
食べやすい

にんじん（みじん切り）

材料と作り方（6回分）
❶ にんじん½本（100g）は薄切りにして柔らかくゆで、みじん切りにする。
❷ ❶の粗熱がとれたら、冷凍用保存袋に入れて平らにならし、袋の空気を抜いて冷凍する。

使用 小麦　**不使用** 卵　牛乳　大豆

にんじんのお麩スープ

材料と作り方（1回分）
❶ 小町麩1個はすりおろす。
❷ 耐熱ボウルに❶、にんじんフリージング15g、野菜スープ（BF）大さじ1を入れてふんわりとラップをし、電子レンジで40秒加熱し、混ぜる。

＼ そのまま食べるときは ／
1回分を電子レンジで30秒加熱し、解凍してから食べる。

野菜・果物

彩りがよく、カロテノイドが豊富なにんじん。柔らかくゆでると甘味があり、食べやすい食材です。手づかみ食べが始まったら、輪切りや小判形に切ってあげても◎。

9〜11カ月 ／フリージング／にんじん

Arrange 補完食

ふわっと柔らかい食感！たんぱく質も摂取

使用 大豆　不使用 卵 牛乳 小麦

にんじんと豆腐の落とし焼き

材料と作り方（1回分）
① にんじんフリージング15gは電子レンジで30秒加熱し、解凍する。
② ボウルに絹ごし豆腐20gを入れてスプーンなどでつぶし、①、片栗粉小さじ1を入れて混ぜる。
③ フライパンにごま油少々を中火で熱し、②を半量ずつ落とし入れ、両面を焼く。

にんじん（粗みじん切り）

材料と作り方（6回分）
① にんじん1本（200g）は5mm厚さに切って柔らかくゆで、粗みじん切りにする。
② ①の粗熱がとれたら、冷凍用保存袋に入れて平らにならし、袋の空気を抜いて冷凍する。

＼ そのまま食べるときは ／
1回分を電子レンジで40秒加熱し、解凍してから食べる。

1歳〜1歳6カ月 ／フリージング／にんじん

Arrange 補完食

ほんのりバターの風味がたまらない

使用 牛乳　不使用 卵 小麦 大豆

にんじんのグラッセ

材料と作り方（1回分）
① 耐熱ボウルににんじんフリージング20g、バター少々を入れ、ふんわりとラップをして電子レンジで20秒加熱する。

にんじん（1cm幅の輪切り）

材料と作り方（6回分）
① にんじん1本（200g）は1cm幅の輪切りにして柔らかくゆでる。
② ①の粗熱がとれたら、冷凍用保存袋に入れて平らにならし、袋の空気を抜いて冷凍する。

＼ そのまま食べるときは ／
1回分を電子レンジで40秒加熱し、解凍してから食べる。

さつまいもフリージング

Arrange 補完食

ビタミンCを
たっぷり摂って
免疫力アップ

使用 牛乳 大豆　不使用 卵 小麦

さつまいもと
ブロッコリーのミルク煮

材料と作り方（1回分）

❶ さつまいもフリージング1回分は電子レンジで20秒加熱し、解凍する。ブロッコリー（穂先）10gは柔らかくゆで、穂先の部分だけすりつぶし、湯で溶いた粉ミルク小さじ1でのばす。

❷ 器に❶を盛り合わせる。

さつまいも（すりつぶし）

材料と作り方（6回分）

❶ さつまいも60gは皮をむいて1cm幅の輪切りにし、水にさらす。水けをきり、耐熱皿に入れてふんわりとラップをし、電子レンジで3分加熱する。すりつぶして湯大さじ1を加えて伸ばす。

❷ ❶の粗熱がとれたら、6等分ずつ小分けにして冷凍する。

＼ そのまま食べるときは ／
1回分を電子レンジで20秒加熱し、解凍してから食べる。

Arrange 補完食

青のりの風味が
甘いさつまいもと
相性バッチリ

不使用 卵 牛乳 小麦 大豆

さつまいもの青のり和え

材料と作り方（1回分）

❶ さつまいもフリージング15gは電子レンジで20秒加熱して解凍し、青のり少々と和える。

さつまいも（5mm角）

材料と作り方（6回分）

❶ さつまいも100gは皮をむいて5mm角に切り、水にさらす。水けをきり、耐熱皿に入れてふんわりとラップをし、電子レンジで3分加熱する。

❷ ❶の粗熱がとれたら、冷凍用保存袋に入れて平らにならし、袋の空気を抜いて冷凍する。

＼ そのまま食べるときは ／
1回分を電子レンジで30秒加熱し、解凍してから食べる。

野菜・
果物

食物繊維やビタミンCが豊富なさつまいもは、自然な甘味と柔らかさで、赤ちゃんも
大好きな食材。切ったら水にさらして、アク抜きしてから調理しましょう。

9〜11カ月 ／フリージング／さつまいも

Arrange 補完食

玉ねぎの甘味と
さつまいもが
よく合う！

使用 大豆　不使用 卵 牛乳 小麦　みその原料には小麦が
含まれることもあります

さつまいもと玉ねぎのみそ汁

材料と作り方（1回分）
① 玉ねぎ10gは2cm長さの薄切りにする。
② 鍋にだし汁100mlを入れて沸かし、さつまいもフリージング20g、①を入れ、蓋をして弱火で煮る。柔らかくなったらみそ少々を溶き入れる。

さつまいも（4cm長さの細切り）

材料と作り方（6回分）
① さつまいも200gは皮つきのまま4cm長さの細切りにし、水にさらす。水けをきり、耐熱皿に入れてふんわりとラップをし、電子レンジで3分加熱する。
② ①の粗熱がとれたら、冷凍用保存袋に入れて平らにならし、袋の空気を抜いて冷凍する。

＼ そのまま食べるときは ／
1回分を電子レンジで40秒加熱し、解凍してから食べる。

1歳〜1歳6カ月 ／フリージング／さつまいも

Arrange 補完食

衣をからめて
揚げるだけで
パパッとできる

使用 小麦　不使用 卵 牛乳 大豆

さつまいもの天ぷら

材料と作り方（1回分）
① さつまいもフリージング30gは電子レンジで30秒加熱し、解凍する。
② ボウルに小麦粉大さじ1、水小さじ2½を入れて混ぜ合わせ、①を加えてからめる。
③ 鍋にオリーブ油を1cmほど入れて170度で熱し、②を入れてカリッと揚げる。

さつまいも（1cm幅の半月切り）

材料と作り方（6回分）
① さつまいも200gは皮つきのまま1cm幅の半月切りにし、水にさらす。水けをきり、耐熱皿に入れてふんわりとラップをし、電子レンジで3分加熱する。
② ①の粗熱がとれたら、冷凍用保存袋に入れて平らにならし、袋の空気を抜いて冷凍する。

＼ そのまま食べるときは ／
1回分を電子レンジで40秒加熱し、解凍してから食べる。

トマトフリージング

Arrange 補完食

ヨーグルトで
カルシウム補給と
便秘予防!

使用 牛乳 不使用 卵 小麦 大豆

トマトのヨーグルトスープ

材料と作り方（1回分）
❶ トマトフリージング20gは電子レンジで30秒加熱し、解凍する。
❷ 器に❶を盛り、無糖プレーンヨーグルト小さじ1をのせる。

トマト（すりつぶし）

材料と作り方（6回分）
❶ トマト¼個（50g）は皮と種を取り除き、すりつぶす。
❷ ❶を6等分ずつ小分けにして冷凍する。

＼ そのまま食べるときは ／
1回分を電子レンジで30秒加熱し、解凍してから食べる。

Arrange 補完食

納豆とごまで
トマトの酸味が
やわらぐ

使用 大豆 不使用 卵 牛乳 小麦

納豆のトマトごま和え

材料と作り方（1回分）
❶ トマトフリージング20gは電子レンジで30秒加熱し、解凍する。
❷ ボウルに❶、ひきわり納豆大さじ1、白すりごま小さじ¼を入れて和える。

トマト（みじん切り）

材料と作り方（6回分）
❶ トマト½個（100g）は皮と種を取り除き、みじん切りにする。
❷ ❶を冷凍用保存袋に入れて平らにならし、袋の空気を抜いて冷凍する。

＼ そのまま食べるときは ／
1回分を電子レンジで30秒加熱し、解凍してから食べる。

野菜・果物

カロテノイドやビタミンが豊富なトマト。酸味があるので、最初は少しビックリしてしまうこともありますが、少しずつ慣らしていきましょう。皮と種は取り除いてから使って。

9〜11カ月 / フリージング / トマト

Arrange 補完食

電子レンジで簡単に作れるさっぱり煮

不使用 卵 牛乳 小麦 大豆

じゃがいものトマト煮

材料と作り方（1回分）
❶ じゃがいも40gは1cm角に切って水にさらす。水けをきり、耐熱ボウルに入れてふんわりとラップをし、電子レンジで50秒加熱する。
❷ ❶にトマトフリージング30g、だし汁大さじ½を加え、さらに1分加熱し、混ぜる。

トマト（粗みじん切り）

材料と作り方（6回分）
❶ トマト1個（200g）は皮と種を取り除き、粗みじん切りにする。
❷ ❶を冷凍用保存袋に入れて平らにならし、袋の空気を抜いて冷凍する。

＼ そのまま食べるときは ／
1回分を電子レンジで40秒加熱し、解凍してから食べる。

1歳〜1歳6カ月 / フリージング / トマト

Arrange 補完食

卵にミルクを混ぜてふんわり柔らか

使用 卵 牛乳 大豆 不使用 小麦

トマトと卵の炒め物

材料と作り方（1回分）
❶ 卵⅔個は溶きほぐし、湯で溶いた粉ミルク小さじ1を加えて混ぜる。トマトフリージング30gは電子レンジで40秒加熱して解凍し、卵液に加えて混ぜる。
❷ フライパンにごま油少々を中火で熱し、❶を流し入れてしっかり火が通るまで炒める。

トマト（7mm角）

材料と作り方（6回分）
❶ トマト1個（200g）は皮と種を取り除き、7mm角に切る。
❷ ❶を冷凍用保存袋に入れて平らにならし、袋の空気を抜いて冷凍する。

＼ そのまま食べるときは ／
1回分を電子レンジで40秒加熱し、解凍してから食べる。

137

ピーマン・パプリカフリージング

野菜・果物

Arrange
補完食

パプリカと
ゆでた大根の
甘味でおいしい

パプリカ（すりつぶし）

材料と作り方（6回分）
① 黄パプリカ½個（75g）はヘタと種を取り除き、やわらかくゆでる。皮をむき、すりつぶして湯小さじ1を加えてのばす。
② ①の粗熱がとれたら、6等分ずつ小分けにして冷凍する。

不使用 卵 牛乳 小麦 大豆

パプリカのみぞれ煮

材料と作り方（1回分）
① パプリカフリージング1回分は電子レンジで20秒加熱し、解凍する。大根10gは柔らかくなるまでゆで、すりつぶす。
② ①、だし汁小さじ½をさっと混ぜる。

＼ そのまま食べるときは ／
1回分を電子レンジで20秒加熱し、解凍してから食べる。

Arrange
補完食

かつお節は
細かく砕くと
食べやすくて安心

パプリカ（みじん切り）

材料と作り方（6回分）
① 赤・黄パプリカ各½個（各75g）はヘタと種を取り除き、やわらかくゆでる。皮をむき、みじん切りにする。
② ①を冷凍用保存袋に入れて平らにならし、袋の空気を抜いて冷凍する。

不使用 卵 牛乳 小麦 大豆

パプリカのおかか和え

材料と作り方（1回分）
① 耐熱ボウルにパプリカフリージング20g、だし汁大さじ1、水溶き片栗粉少々を入れてふんわりとラップをし、電子レンジで50秒加熱してよく混ぜる。
② 器に①を盛り、細かく砕いたかつお節少々をふる。

＼ そのまま食べるときは ／
1回分を電子レンジで30秒加熱し、解凍してから食べる。

野菜・
果物

カロテノイドやビタミンCが豊富で、免疫力がアップするパプリカは、甘味が
あるから赤ちゃんも食べやすいはず。皮は食べにくいので、むいてから使いましょう。

9〜11カ月 ／フリージング／ピーマン

Arrange
補完食

バターの風味と
チーズのコクで
おいしい！

使用 牛乳 / 不使用 卵 小麦 大豆

ピーマンの
バターチーズソテー

材料と作り方（1回分）
❶ ピーマンフリージング30gは電子レンジで40秒加熱
し、解凍する。
❷ フライパンにバター少々を中火で熱し、❶を入れて炒
める。
❸ 器に❷を盛り、カッテージチーズ小さじ1を散らす。

ピーマン（粗みじん切り）

材料と作り方（6回分）
❶ ピーマン1袋（5個）は半分に切って種を取り除き、や
わらかくゆでる。皮をむき、粗みじん切りにする。
❷ ❶を冷凍用保存袋に入れて平らにならし、袋の空気を
抜いて冷凍する。
＊パプリカの場合は、1個（150g）をヘタと種を取り除いて同様に
作り、冷凍する。

＼ そのまま食べるときは ／
1回分を電子レンジで40秒加熱し、解凍してから食べる。

1歳〜1歳6カ月 ／フリージング／ピーマン

Arrange
補完食

カルシウム豊富な
じゃこで
旨味がアップ

不使用 卵 牛乳 小麦 大豆

ピーマンとパプリカの
じゃこ煮

材料と作り方（1回分）
❶ ちりめんじゃこ大さじ½は湯をかけて柔らかくする。
ピーマンフリージング20g、パプリカフリージング
20gは電子レンジで30秒加熱し、解凍する。
❷ フライパンにごま油少々を中火で熱し、❶を炒める。油
が回ったらだし汁大さじ1を加えて蓋をし、弱火で2
〜3分蒸し煮にする。

ピーマン
（7mm角）

材料と作り方（6回分）
❶ ピーマン1袋（5個）は半分に切って種を取り除き、や
わらかくゆでる。皮をむき、7mm角に切る。
❷ ❶を冷凍用保存袋に入れて平らにならし、袋の空気を
抜いて冷凍する。
＊パプリカの場合は、1個（150g）をヘタと種を取り除いて同様に
作り、冷凍する。

＼ そのまま食べるときは ／
1回分を電子レンジで40秒加熱し、解凍してから食べる。

果物（バナナ・りんご）フリージング

Arrange
補完食

りんごの酸味と
バナナの甘味が
よく合う！

バナナ（すりつぶし）

材料と作り方（6回分）
❶ バナナ100gはすりつぶす。
❷ ❶を6等分ずつ小分けにして冷凍する。

※りんごの場合は、½個（120g）を皮と芯を取り除いて薄切りにし、
やわらかく煮てからすりつぶし、同様に冷凍する。

使用 牛乳 大豆　不使用 × 卵 小麦

りんごとバナナのミルク和え

材料と作り方（1回分）
りんごフリージング1回分、バナナフリージング1回分は
電子レンジで20秒加熱し、解凍する。湯で溶いた粉ミル
ク小さじ½を加えて和える。

＼ そのまま食べるときは ／
1回分を電子レンジで20秒加熱し、解凍してから食べる。

Arrange
補完食

きな粉を
まぶして
栄養価アップ

バナナ（つぶし）

材料と作り方（6回分）
❶ バナナ100gは冷凍用保存袋に入れ、つぶす。
❷ ❶を平らにならし、袋の空気を抜いて冷凍する。

使用 牛乳 大豆　不使用 × 卵 小麦

バナナの
ヨーグルトきな粉和え

材料と作り方（1回分）
❶ バナナフリージング20gは電子レンジで20秒加熱し、
　解凍する。
❷ 器に無糖プレーンヨーグルト50gを盛り、❶をのせ、
　きな粉少々をふる。

＼ そのまま食べるときは ／
1回分を電子レンジで20秒加熱し、解凍してから食べる。

消化がよく、エネルギー源にもなるバナナと、ビタミンやミネラルをバランスよく
含んでいるりんご。どちらも甘味があって、赤ちゃんの大好きな果物です。

野菜・
果物

9〜11カ月 ／フリージング／果物（りんご）

Arrange 補完食

ビタミンCが
豊富なブロッコリーで
風邪予防！

りんご（5mm角）

材料と作り方（6回分）
① りんご1個（250g）は皮と芯を取り除き、5mm角に切る。耐熱ボウルに入れてふんわりとラップをし、電子レンジで5分加熱する。
② ①の粗熱がとれたら、冷凍用保存袋に入れて平らにならし、袋の空気を抜いて冷凍する。

＼ そのまま食べるときは ／
1回分を電子レンジで40秒加熱し、解凍してから食べる。

使用 牛乳　不使用 卵 小麦 大豆

りんごとブロッコリーのサラダ

材料と作り方（1回分）
① りんごフリージング20gは電子レンジで30秒加熱し、解凍する。ブロッコリー20gは柔らかくゆで、粗みじん切りにする。
② ボウルに①、カッテージチーズ小さじ1を入れ、さっと混ぜる。

1歳〜1歳6カ月 ／フリージング／果物（りんご）

Arrange 補完食

解凍して
パンに挟むだけの
簡単サンド

りんご（1cm角）

材料と作り方（6回分）
① りんご1個（250g）は皮と芯を取り除き、1cm角に切る。耐熱ボウルに入れてふんわりとラップをし、電子レンジで5分加熱する。
② ①の粗熱がとれたら、冷凍用保存袋に入れて平らにならし、袋の空気を抜いて冷凍する。
※バナナの場合は、2本を1cm幅の輪切りにし、冷凍用保存袋に重ならないように入れて冷凍する。

＼ そのまま食べるときは ／
1回分を電子レンジで40秒加熱し、解凍してから食べる。

使用 卵 牛乳 小麦　不使用 大豆

フルーツサンド

材料と作り方（1回分）
① りんごフリージング20g、バナナフリージング20gは電子レンジで20秒加熱して解凍し、つぶしながら混ぜる。
② 食パンフリージング（P67）1回分は電子レンジで20秒加熱して解凍し、2切れに①をのせ、残りのパンで挟む。

野菜・果物の まとめて半調理
フリージング&アレンジレシピ

野菜の半調理フリージングがあれば、食事作りが大変な日でも、栄養バランスの
よい食事が食べられます。たんぱく質と合わせたアレンジは、食べ応えもバッチリです。

Point 1
7~8カ月は、とろみのつく野菜を一緒にまとめ煮

ビタミンAやカルシウム、鉄、亜鉛などを含む青菜も、積極的に食べさせたいけれど、苦味があったり、口の中に張りついたりなどで、食べにくい場合も。かぶのような、ふわふわとしたとろみのつく野菜と一緒に煮ておけば、口あたりもよくなります。もう少しとろみをつけたければ、水溶き片栗粉を加えても。このまとめ煮があれば、納豆やしらすをプラスするだけで、栄養満点の一品に。ご飯やうどん、コーンフレークに和えても。

Point 2
9~11カ月は、万能ソースとして野菜の煮込みを

数種類の野菜の補完食を毎回作るのは大変。たくさんの野菜を刻んで煮込むだけのラタトゥイユをまとめて作って冷凍しておけば、手間をかけずにビタミンAやCをしっかり補給することができます。豆、肉、魚などを組み合わせて一緒に煮たり、ご飯やパンにのせたり、マカロニにからめれば、すぐに1品完成！めかじきなどの柔らかい魚のソテーやオムレツのソースにもぴったりです。旬の野菜を使ってバリエーションを広げても。

Point 3
1歳~1歳6カ月は、根菜のお惣菜をまとめて作って冷凍

どんどん噛む力がついてくると、根菜もよく噛んで食べられるようになります。ごぼうやれんこんなど、歯ごたえのある根菜は、まとめて薄く切ってきんぴらなどにして、冷凍しておきましょう。ごぼうやれんこんなどの根菜は、食物繊維が多いので、赤ちゃんの便秘の解消に一役買います。煮るのに時間がかかる根菜こそ、まとめて作っておくのが◎。肉、魚、豆腐などと炒めたり、うどんやお好み焼きの具としてもおすすめです。

野菜・
果物

7〜8カ月／半調理／かぶと小松菜のまとめ煮

不使用 卵 牛乳 小麦 大豆

かぶと小松菜のまとめ煮

材料と作り方（6回分）
① かぶ60gは5mm厚さの半月切りにする。
② 鍋にだし汁200mlを入れて沸かし、①、小松菜（葉先）60gを入れ、蓋をして15分ほど煮る。柔らかくなったら取り出し、みじん切りにする。だし汁に戻し入れてひと混ぜする。

保存するなら
粗熱がとれたら、6等分ずつ小分けにして冷凍する。

＼ そのまま食べるときは ／
1回分を電子レンジで1分30秒加熱し、解凍してから食べる。

Arrange
補完食

使用 大豆 不使用 卵 牛乳 小麦

野菜納豆

材料と作り方（1回分）
① かぶと小松菜のまとめ煮フリージング1回分は電子レンジで1分30秒加熱し、解凍する。
② ボウルに①、ひきわり納豆大さじ1を入れ、和える。

Arrange
補完食

使用 牛乳 大豆 不使用 卵 小麦

野菜のコーンフレーク和え

材料と作り方（1回分）
① かぶと小松菜のまとめ煮フリージング1回分は電子レンジで1分30秒加熱し、解凍する。コーンフレーク大さじ2（6g）は砕く。
② 耐熱ボウルに①を入れ、さっと混ぜてふんわりとラップをし、電子レンジで40秒加熱する。

不使用 卵 牛乳 小麦 大豆

ラタトゥイユ

材料と作り方（6回分）

① ズッキーニ40g、玉ねぎ40gは粗みじん切り、なす
40g、黄パプリカ40gは皮をむいて粗みじん切りにする。トマト小1個（150g）は皮と種を取り除き、粗みじん切りにする。

② 鍋にオリーブ油小さじ½を中火で熱し、ズッキーニ、玉ねぎ、なす、パプリカを炒める。しんなりしたらトマトを加えて炒め、水50mℓを加える。蓋をして弱火にし、野菜が柔らかくなるまで10分ほど煮る。

保存するなら

粗熱がとれたら、6等分ずつ小分けにして冷凍する。

\ そのまま食べるときは /
1回分を電子レンジで1分加熱し、解凍してから食べる。

Arrange
補完食

使用 牛乳 小麦 不使用 卵 大豆

トマトパスタ

材料と作り方（1回分）

① マカロニ15gは柔らかくゆで、1cm長さに切る。モッツァレラチーズ10gは5mm角に切る。ラタトゥイユフリージング1回分は電子レンジで1分加熱し、解凍する。

② ボウルに①を入れ、和える。

Arrange
補完食

不使用 卵 牛乳 小麦 大豆

めかじきソテーの
ラタトゥイユソース

材料と作り方（1回分）

① フライパンにオリーブ油少々を熱し、めかじき（切り身）15gを入れて両面焼き、器に盛る。

② ラタトゥイユフリージング1回分は電子レンジで1分加熱して解凍し、①にかける。

不使用 卵 牛乳 小麦 大豆

根菜きんぴら

材料と作り方(6回分)

① にんじん50gはいちょう切り、ごぼう50g、れんこん50gは薄切りにして水にさらし、水けをきる。

② 鍋にごま油小さじ½を中火で熱し、①を炒め、しんなりしたらだし汁200㎖を加える。煮立ったら、弱火にして蓋をし、柔らかくなるまで20分ほど煮る。

保存するなら
粗熱がとれたら、6等分ずつ小分けにして冷凍する。

＼ そのまま食べるときは ／
1回分を電子レンジで1分加熱し、解凍してから食べる。

Arrange
補完食

Arrange
補完食

使用 大豆 不使用 卵 牛乳 小麦

きんぴら炒り豆腐

材料と作り方(1回分)

① 木綿豆腐30gは小さくちぎる。根菜きんぴらフリージング1回分は電子レンジで1分加熱し、解凍する。

② フライパンにごま油少々を中火で熱し、木綿豆腐を炒める。焼き色がついたら根菜きんぴらを加え、さっと炒める。

使用 小麦 不使用 卵 牛乳 大豆

野菜お好み焼き

材料と作り方(1回分)

① 根菜きんぴらフリージング1回分は電子レンジで1分加熱し、解凍する。

② ボウルに小麦粉大さじ1、だし汁大さじ1を入れて混ぜ合わせ、①を加えて混ぜる。

③ フライパンにオリーブ油少々を中火で熱し、②を丸く流し入れる。蓋をして両面を蒸し焼きにし、火が通ったら食べやすく切る。

市販のBFやレンチンで **パパッ** と作る

野菜・果物 時短レシピ

もう少し野菜や果物を食べさせたいというときに、時間をかけずに作れるレシピをご紹介。彩りのいいおかずも多いから、食欲をかきたててくれるはず。

かぼちゃと豆腐のとろとろ

使用 大豆　不使用 卵 牛乳 小麦

材料と作り方（1回分）
❶ かぼちゃフレーク（市販）大さじ1は湯大さじ1で溶く。絹ごし豆腐10gは耐熱皿に入れ、ふんわりとラップをして電子レンジで20秒加熱し、すりつぶす。
❷ 器にかぼちゃを盛り、豆腐をトッピングする

memo
豆腐の代わりに、無糖のプレーンヨーグルトやバナナをトッピングしてもおいしいです。

野菜と
たんぱく質が摂れる
時短おかず

にんじんポタージュ

使用 牛乳 大豆　不使用 卵 小麦

材料と作り方（1回分）
❶ にんじんフレーク（市販）大さじ1、湯で溶いた粉ミルク大さじ2を混ぜ合わせる。

memo
市販のフレークを使えば、お湯や湯で溶いた粉ミルクで溶くだけで1品できあがるので、忙しい時にとても便利です。

市販の
フレークが
大活躍！

とろみがあるから
ブロッコリーも
食べやすい

使用 牛乳 大豆 ／ 不使用 卵 小麦

ブロッコリーの
コーンクリーム煮

材料と作り方（1回分）

❶ ブロッコリー（穂先）10gは柔らかくゆで、みじん切りに
する。

❷ 耐熱ボウルに❶、とうもろこしフレーク（市販）大さじ1、
湯で溶いた粉ミルク大さじ1½、水溶き片栗粉少々を入れ
て混ぜ、ふんわりとラップをして電子レンジで50秒加熱
する。

かぶの甘味と
りんごの組み合わせが
おいしい♪

不使用 卵 牛乳 小麦 大豆

かぶのりんごのせ

材料と作り方（1回分）

❶ かぶ20gは柔らかくゆで、みじん切りにする。

❷ 器に❶を盛り、りんご（BF）小さじ1をのせる。

memo
かぶは皮の近くが筋っぽいので、皮を厚めにむくと食べやすく
なります。むいた皮は、大人用のみそ汁や漬物にしても。

ご飯によく合う
栄養豊富な
納豆のおかず

使用 大豆 ／ 不使用 卵 牛乳 小麦

納豆のにんじん和え

材料と作り方（1回分）

❶ にんじんフレーク（市販）大さじ½は湯大さじ½で溶き、
ひきわり納豆大さじ1を加えて和える。

memo
にんじんの甘味で、納豆が食べやすくなります。納豆は刻む手
間がいらない、ひきわりがおすすめです。

使用 卵 牛乳 小麦 大豆

マッシュかぼちゃと
アスパラガスのポケットサンド

材料と作り方（1回分）

❶ アスパラガス½本は柔らかくゆで、粗みじん切りにする。

❷ かぼちゃフレーク（市販）大さじ1、湯で溶いた粉ミルク小さじ2を混ぜ、❶を入れて混ぜる。

❸ 食パン（8枚切り）¾枚は耳を切り落として3等分に切り、ポケット状の切れ目を入れ、❷を詰める。

> **memo**
> そのまま食べると手がベタベタしてしまうものは、ポケットサンドにすると手が汚れず、赤ちゃんでも食べやすいです。

甘いかぼちゃと
一緒なら野菜も
食べやすい！

使用 卵 不使用 牛乳 小麦 大豆

かきたま野菜スープ

材料と作り方（1回分）

❶ 冷凍ミックス野菜30gは電子レンジで1分加熱して解凍し、粗みじん切りにする。

❷ 鍋に野菜スープ100㎖（BF）を入れて煮立て、ミックス野菜を加えて蓋をし、弱火で4～5分煮る。柔らかくなったら溶き卵大さじ1を回し入れ、しっかり火を通す。

> **memo**
> 冷凍ミックス野菜は、洋風や和風などいろいろな種類があるので、お好みのものを使って作れます。

冷凍の
ミックス野菜で
手軽に栄養チャージ

使用 牛乳 不使用 卵 小麦 大豆

じゃがいもとチーズの
おやき

材料と作り方（1回分）

❶ 小松菜1本（5g）は3～4㎜角に切る。モッツァレラチーズ5gは5㎜角に切る。

❷ ボウルにじゃがいもフレーク（市販）大さじ2、湯大さじ2を入れて混ぜ、❶、片栗粉小さじ½を加えて混ぜる。2等分にして丸形に成形する。

❸ フライパンにオリーブ油少々を熱し、❷を入れて4～5分蒸し焼きにする。

カルシウムや
鉄が豊富な
小松菜を入れて

1歳〜1歳6カ月／時短

ツナを混ぜて
栄養と旨味を
プラスして

使用 牛乳 大豆　不使用 卵 小麦

じゃがいもコロッケ

材料と作り方（1回分）

❶ 玉ねぎ10gは粗みじん切りにして耐熱皿に入れ、ふんわりとラップをし、電子レンジで20秒加熱する。

❷ ボウルにじゃがいもフレーク（市販）大さじ3、湯大さじ2を入れて混ぜ、❶、ツナ水煮缶大さじ½を加えて混ぜる。2等分にして俵形に成形する。

❸ 耐熱皿に❷を入れ、ラップをせずに電子レンジで20秒加熱し、荒く砕いたコーンフレーク大さじ2（6g）をまぶす。

memo
コーンフレークをまぶすことで、油で揚げなくてもカリカリッとした衣のような食感を出すことができます。

トマト味で
野菜をたっぷり
食べられる

使用 牛乳　不使用 卵 小麦 大豆

野菜のナポリタン風

材料と作り方（1回分）

❶ 冷凍ミックス野菜50gは電子レンジで1分加熱して解凍し、食べやすく刻む。

❷ フライパンにバター少々を中火で熱し、❶を入れて炒める。トマトピューレ小さじ2を加え、さっと混ぜる。

memo
冷凍野菜はゆでる手間がなく、柔らかめに仕上がるので、補完食で手軽に使いやすいです。バターを使って風味もアップ。

ソースは
お好みの魚や肉に
かけてもOK

使用 牛乳 小麦　不使用 卵 大豆

たいのムニエルにんじん
ヨーグルトソース

材料と作り方（1回分）

❶ たい（刺身用）20gは小麦粉少々をまぶし、オリーブ油少々を熱したフライパンで両面を焼き、器に盛る。

❷ にんじんフレーク（市販）小さじ1は湯小さじ1で溶き、無糖プレーンヨーグルト大さじ½を加えて混ぜ、ソースを作る。ブロッコリー10gは柔らかくゆで、小房に分ける。

❸ ❶にソースをかけ、ブロッコリーを添える。

9〜11カ月&1歳〜1歳6カ月の
赤ちゃんが喜ぶ間食レシピ

月齢が高くなるにつれ、必要なエネルギーや栄養も多くなります。その差を満たすために必要なのが間食。
9〜11カ月、1歳〜1歳6カ月におすすめの間食をご紹介します。

Point 1

バナナ、パパイヤ、アボカド、マンゴーなどの果物がおすすめ。ヨーグルトや牛乳と一緒に食べると栄養価アップ！

Point 2

バターやピーナッツバター、フムスなどをのせたパン、クラッカーなど、エネルギーアップになる間食もおすすめ。

Point 3

手づかみしやすく、栄養価の高い食材を使った手作りおやつも取り入れて。パンケーキやお好み焼きは冷凍保存も可能です。

9〜11カ月

すりごまを混ぜて香りと栄養を手軽にプラス

使用 牛乳 不使用 卵 小麦 大豆

さつまいもとすりごまの
スイートポテト

材料と作り方（1回分）

❶ さつまいもフリージング（P135）50gは電子レンジで1分加熱し、解凍する。熱いうちにつぶして白すりごま小さじ¼、牛乳小さじ½を加えて混ぜ、3等分にして丸める。

❷ オーブントースターの天板にアルミホイルを敷き、❶を並べ、焼き色がつくまで2〜3分焼く。

栄養memo

食物繊維やビタミンCが含まれるさつまいもに、鉄分などの栄養がバランスよく含まれるごまを混ぜ込んで。

プルーンと
ヨーグルトが入って
便秘にも◎

使用 牛乳 小麦　不使用 卵 大豆

プルーンとほうれん草の ヨーグルトパンケーキ

材料と作り方（1回分）

❶ ほうれん草フリージング（P129）10gは電子レンジで
10秒加熱し、解凍する。ドライプルーン½個(5g)は
粗みじん切りにする。

❷ ボウルに小麦粉大さじ2、ベーキングパウダー小さじ
⅛をふるい入れ、無糖プレーンヨーグルト大さじ1½、
牛乳大さじ⅓を加えて混ぜ、❶を加えてさっと混ぜる。

❸ フライパンにバター少々を中火で熱し、❷を半量ずつ
流し入れる。焼き色がついたら裏返し、蓋をして1～2
分蒸し焼きにする。

> **栄養memo**
> ビタミンやミネラルが豊富なほうれん草、食物繊維が豊富な
> プルーン、カルシウムが摂れる牛乳とヨーグルトで栄養◎。

使用 小麦　不使用 卵 牛乳 大豆

しらすとブロッコリーの お好み焼き

材料と作り方（1回分）

❶ しらすフリージング（P115）10gは電子レンジで30
秒加熱し、解凍する。ブロッコリー20gは粗みじん切
りにする。

❷ ボウルに小麦粉大さじ1、だし汁大さじ1、青のり少々
を入れて泡立て器でよく混ぜ、❶を加えて混ぜる。

❸ フライパンにオリーブ油少々を中火で熱し、❷を丸く
流し入れる。火が通るまで両面を1～2分ずつ蒸し焼
きにする。

> **栄養memo**
> カルシウムやたんぱく質が豊富なしらすは、旨味もたっぷり。
> ブロッコリーでビタミンCも補って。

しらすの旨味で
そのまま食べても
おいしい！

バナナと一緒なら
グリーンピースも
食べやすい

使用 卵 牛乳 小麦 不使用 大豆

バナナとグリーンピースの蒸しパン

材料と作り方 (1回分)

❶ バナナ20gは5mm厚さのいちょう切りにする。グリーンピースフリージング(P91) 5gは電子レンジで20秒加熱して解凍し、トッピング用に少量を取り分けておく。

❷ ボウルに小麦粉大さじ2、ベーキングパウダー小さじ1/8を入れ、泡立て器で混ぜる。溶き卵小さじ1、牛乳大さじ1/2、オリーブ油小さじ1/4を加えて混ぜ、バナナとグリーンピースを加えてさっと混ぜる。

❸ 型に流し入れ、トッピング用のグリーンピースをのせ、1個ずつ電子レンジで30秒加熱する。

栄養memo

ビタミンBが豊富なグリーンピースは、たんぱく質も補える食材。食物繊維が豊富なバナナで便秘対策も。

使用 牛乳 大豆 不使用 卵 小麦

枝豆とチーズのおにぎり

材料と作り方 (1回分)

❶ 雑穀軟飯フリージング(P63) 1回分は電子レンジで2分、枝豆フリージング(P85) 10gは40秒加熱し、解凍する。桜えび小さじ1は細かく刻む。

❷ ボウルに❶、カッテージチーズ小さじ1を入れて混ぜ、3等分にして丸くにぎる。

栄養memo

カルシウムが豊富な桜えびやチーズ。ご飯やおかずに混ぜるだけで、簡単に栄養をプラスできる便利な食材です。

桜えびの風味と
チーズのコクが
よく合う♪

香ばしいきな粉と
サクサク食感！
栄養もバッチリ

使用 小麦 大豆 ／ 不使用 卵 牛乳

きな粉とにんじんの
ビスケット

材料と作り方（1回分）

❶ ボウルに小麦粉大さじ2、きな粉大さじ⅓（3g）をふるい入れ、にんじんのすりおろし大さじ½（6g）、白炒りごま小さじ½、オリーブ油大さじ½を加えて混ぜる。

❷ ❶の粉っぽさがなくなったら2〜3mm厚さにのばし、食べやすく切る。

❸ トースターの天板にアルミホイルを敷いて❷を並べ、上からアルミホイルをかけ、4〜5分焼く。アルミホイルを外してさらに2分焼く。

栄養memo
たんぱく質やカルシウム、鉄分など、赤ちゃんの成長に大切な栄養素が豊富なきな粉。にんじんでビタミンAを補って。

---

column

間食にこそ、フルーツを
取り入れましょう！

　赤ちゃんのエネルギー必要量を満たすために、間食が有効ですが、中でも、エネルギーと栄養が豊富なフルーツは、ぜひとも取り入れましょう。皮をむいて切るだけなので、準備も簡単ですし、何より、旬のフルーツならではのみずみずしさと甘味を味わうことができます。熟したバナナやパパイヤ、マンゴーなど、エネルギーがあって、ビタミンも豊富なフルーツをつぶしたり、食べやすく切ってあげると、赤ちゃんも喜びますね。

9〜11ヵ月

1歳～1歳6ヵ月

肉類

著者

工藤紀子(くどうのりこ)

Instagram

小児科専門医・医学博士。
順天堂大学医学部卒業、同大学大学院小児科思春期科博士課程修了。栄養と子どもの発達に関連する研究で博士号を取得。日本小児科学会認定小児科専門医／日本医師会認定産業医／日本医師会認定健康スポーツ医／こころ新橋保育園嘱託医／東京インターナショナルスクール中目黒キンダーガーデン嘱託医。夫の仕事でアメリカに渡り、子育てを経験する。現在2児の母。都内クリニックにて、年間のべ1万人の子どもを診察しながら、子育て中の家族に向けて育児のアドバイスを行っている。著書に『小児科医のママが教える 離乳食は作らなくてもいいんです。』（時事通信社）、『できる子どもの最強ごはんとおやつ術』（文友舎）などがある。

レシピ作成・調理・スタイリング

新谷友里江(にいやゆりえ)

管理栄養士、料理家、フードコーディネーター。祐成陽子クッキングアートセミナー卒業後、同講師、料理家・祐成二葉氏のアシスタントを経て独立。書籍・雑誌・広告などで、料理・お菓子のレシピ開発やフードスタイリング、メニュー提案などを行っている。お家ご飯を中心に、簡単でおいしい料理に定評がある。著書に『まとめて作ってすぐラクごはん♪ つくりおき幼児食 1歳半〜5歳』（西東社）、『材料を袋に入れるだけで、定番の冷凍食品がおうちでできた！』（学研プラス）などがある。

Staff

撮影	田中宏幸
デザイン	矢﨑進　森尻夏実　大類百世
	磯崎優　竹鶴仁恵(大空出版)
イラスト	ハルペイ
モデル	くすもとなる
調理アシスタント	梅田莉奈　玉利紗綾香　小柳まどか
編集協力／執筆協力	丸山みき(SORA企画)　志水あい
編集アシスタント	岩本明子(SORA企画)
編集担当	遠藤やよい(ナツメ出版企画)

本書に関するお問い合わせは、書名・発行日・該当ページを明記の上、下記のいずれかの方法にてお送りください。電話でのお問い合わせはお受けしておりません。
・ナツメ社webサイトの問い合わせフォーム
　https://www.natsume.co.jp/contact
・FAX (03-3291-1305)
・郵送(下記、ナツメ出版企画株式会社宛て)
なお、回答までに日にちをいただく場合があります。正誤のお問い合わせ以外の書籍内容に関する解説・個別の相談は行っておりません。あらかじめご了承ください。

進め方と作り方がわかる　はじめての『補完食』

2021年3月1日　初版発行
2023年7月1日　第3刷発行

著　者	工藤紀子(くどうのりこ)	©Kudo Noriko, 2021
料　理	新谷友里江(にいやゆりえ)	Niiya Yurie, 2021
発行者	田村正隆	

発行所　株式会社ナツメ社
　　　　東京都千代田区神田神保町1-52　ナツメ社ビル1F(〒101-0051)
　　　　電話 03-3291-1257(代表)　FAX 03-3291-5761　振替 00130-1-58661

制　作　ナツメ出版企画株式会社
　　　　東京都千代田区神田神保町1-52　ナツメ社ビル3F(〒101-0051)
　　　　電話 03-3295-3921(代表)

印刷所　図書印刷株式会社

ISBN978-4-8163-6953-7

Printed in Japan

〈定価はカバーに表示してあります〉〈乱丁・落丁本はお取り替えします〉
本書の一部または全部を著作権法で定められている範囲を超え、ナツメ出版企画株式会社に無断で複写、複製、転載、データファイル化することを禁じます。

©ingectar-e

ナツメ社Webサイト
https://www.natsume.co.jp
書籍の最新情報(正誤情報を含む)は
ナツメ社Webサイトをご覧ください。